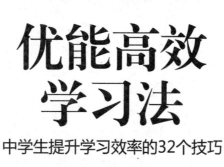

优能高效学习法

中学生提升学习效率的32个技巧

新东方教育科技集团有限公司
优能中学推广管理中心 编著

机械工业出版社
CHINA MACHINE PRESS

中学生学习任务繁重，学习压力大，如何在有限的时间里提升学习效率、取得更好的学习成绩，是广大中学生及其家长都非常关心的问题。本书中包含了六位省市级高考状元的学习心得体会，帮助中学生从时间管理、效率提升、课堂学习、工具善用、心态调整和应试技巧六个具体方面，改善学习方法，收获更好的学习成绩。

图书在版编目（CIP）数据

优能高效学习法：中学生提升学习效率的 32 个技巧／
新东方教育科技集团有限公司优能中学推广管理中心编著. —北京：
机械工业出版社，2018.7（2022.1 重印）
ISBN 978-7-111-60477-8

Ⅰ.①优… Ⅱ.①新… Ⅲ.①中学生—学习方法
Ⅳ.①G632.46

中国版本图书馆 CIP 数据核字（2018）第 158170 号

机械工业出版社（北京市百万庄大街 22 号　邮政编码 100037）
策划编辑：陈　伟　　　责任编辑：陈　伟
责任校对：黄兴伟　　　责任印制：李　昂
北京圣夫亚美印刷有限公司印刷
2022 年 1 月第 1 版·第 11 次印刷
169mm×239mm·11.25 印张·118 千字
标准书号：ISBN 978-7-111-60477-8
定价：49.80 元

电话服务　　　　　　　　　　网络服务

客服电话：010-88361066　　　机 工 官 网：www.cmpbook.com
　　　　　010-88379833　　　机 工 官 博：weibo.com/cmp1952
　　　　　010-68326294　　　金 书 网：www.golden-book.com
封底无防伪标均为盗版　　机工教育服务网：www.cmpedu.com

帮助每一个中学生快乐而高效地学习

2009 年，优能中学教育品牌诞生。从正式诞生的第一天起，我们始终专注一件事，那就是如何更好地定义学生的学习，提升他们的学习效率，最终促成对学习结果的有效改变。

2014 年，我们正式发布了"进步可视教学体系"，这套以"学生的学习效果为中心"的教学产品，充分彰显了我们的教学理念——让学生、老师和家长均能清晰地看到学生的每一次学习的进步。为了让进步可以被看见，我们对每一课的知识点设定教学目标并划分等级，从"知、会、好"三个层次和"识记、理解、操作、识别、迁移、综合"六个等级，了解学生最真实的学习能力，这相当于给抽象的"掌握"和"学会"加上了一把尺子，可以准确定位学生的进步目标，通过真正科学的诊断和规划，帮助学生有针对性地高效学习。在此基础上，针对不同学生学习基础的不同和学习需求的多元化，面向"一对一"的学习场景，我们进一步研发了"深度学习管理体系"，为初一到高三的学生提供专业的全学科一站式学习管理服务，帮助学生精准定位学习目标，智能设定学习任务，高效管理学习进度，有效提升学习状态和学习成绩。

功夫不负有心人。经过九年的辛勤耕耘，优能中学教育已成为教育行业里最有影响力的中学教育品牌之一，教学点覆盖全国60多个城市，年培训学员多达400多万人次，根据中学生成长的阶段性特点，依托科技产品和学习工具，提供语文、数学、英语、物理、化学等全科培训课程。

在历年高考中，优能学子成果丰硕，据不完全统计，仅2017年高考，就有20多人获得全国各省市的前三名。我们为他们的优异成绩感到自豪和骄傲！每每在进入公众视线之后，"优能学霸"们的成功经验都让广大中学生感到非常好奇，想知道到底是什么样的学习策略和方式锻造了如此优秀的他们。而另一方面，因为学习任务繁重，学习压力大，如何在有限的时间、精力条件下，尽可能提升学习效率、取得更好的学习效果，也是中学生的迫切需求。

基于这样的背景，我们专门邀请了六位"优能学霸"在这本书中分享他们的经验。根据当下中学生的学习现状，我们提炼了包括时间管理、效率提升、课堂学习、工具善用、心态调整和应试技巧在内的六个核心主题，它们无一不是中学生学习过程中的关键模块。"他山之石，可以攻玉"，希望这本书可以带给同学们一些实实在在的帮助。

我们深知，中学生的业余时间非常宝贵，因此我们特意把这本书打造成了一本轻盈、易读的"故事书"，全书篇幅精炼、语言平实、案例丰富，给人的感觉就像是作者在娓娓道来一个个故事，传授一个个锦囊。我真诚希望这些动人的故事和锦囊能够在大家的学习之路上提供一些帮助。

正如俞敏洪老师对优能中学的寄语，希望我们能够通过提供更加有效的、更加快乐的、更加健康的、更加充满乐趣的学习系统和内容，让中学生在如此艰苦的时代，可以在高考压力下享受一点学习的快乐，快乐学习，成长学习，励志学习。

愿这本书帮助每一个中学生快乐而高效地学习，成就一段段充满美好回忆的中学时光。

新东方教育科技集团

优能中学推广管理中心主任

王　专

前 言
Preface

在我们的学习生涯中，中学阶段毋庸置疑是最充实、最紧张也最劳累的阶段。刚从小学进入初中，就远远看到了中考的挑战已经在向自己靠近，而跨过中考这座山峰时，对于绝大多数人来说，真正的挑战才刚刚开始，他们将通过三年的辛苦历练，去筹备人生中最重要的一次考试——高考。六年中学生涯，求学路上的万千学子无不关心如何才能学得更好、考得更好。

古人有云，"书山有路勤为径，学海无涯苦作舟"，这充分突出了"勤奋"和"刻苦"的价值，也是通往成功道路的关键。然而，在信息爆炸的互联网时代，我们的学习环境也发生了相当大的变化，各种纷繁复杂的信息、移动终端智能设备的普及都在抢夺我们有限的时间和注意力。勤奋和刻苦依旧重要，但有限的单位时间内要获得更多的产出，仅仅靠勤奋刻苦是远远不够的，高效的学习方法显得愈加重要。近几年来，事实上，许多在中高考、奥林匹克竞赛中获得优异成绩的同学，他们往往不仅仅在学业上取得了傲人的成绩，在自己的业余爱好中也能投入适当的时间并取得了令人艳羡的成果。我们不禁惊诧，他们到底是如何做到的呢？何以优秀至此呢？其实，简单地说，是缘于他们的方法。优秀是一种习惯，而习惯就是他们日常重复的行为模式，这些行为模式也就是他们与众不同的方法。

为了把这些与众不同的方法与更多的同学分享，新东方教育科技集团优能推广管理中心邀请了六位中学生中的佼佼者：山东省济南市高考文科第一名、复旦大学本科生汤以诺，河北省石家庄市高考理科第一名、北京大学本科生梁博，福建省福州市高考文科第一名、北京大学本科生柯子蕴，河南省洛阳市高考理科第一名、清华大学本科生游正阳，河北省高考文科第一名、北京大学本科生牛璐瑶，河南省郑州市高考文科第一名、北京大学本科生罗仪涵，分别就时间管理、效率提升、课堂学习、工具善用、心态调整和应试技巧六个中学生学习生涯中最为关键的主题进行了分享。这本书汇集了六位优秀中学生的学习心得，语言风格轻松，案例丰富，相信对正处于中学阶段的同学们有极强的参考价值。

当然，每个人都有自己独特的学习风格，每个人都有适合自己的方法，别人的方法再好，对于自己也依旧只是建议，希望大家根据自身的实际情况来选择应用。

目　录
Contents

第二章　效率提升

第一章　时间管理

　　"删除了我一生中任何一个瞬间，我都不能成为今天的自己。"

　　此言于我，一见清新，再见倾心。时间是由一个个瞬间组成的，每一个瞬间都涉及选择。时间管理就像排列组合，小小的时间安排，也有可能在未来的某个时刻产生大大的不同。时间管理，看似小事，却远非小事。在本章中，我会以时间维度的改变，提出时间管理的方法，并以我的亲身实践，分享两种计划落实的方法。让我们从日复一日的从容笃定中，实现深埋于心的少年梦想。

一、 多维度的时间管理——每日计划

面对同样的课程表，每个同学看似每天都在做相同的事情，为什么会在学习效果上产生那么大的不同呢？其实，正是每一天时间利用中的微小差距，慢慢积累成了学习质量的巨大不同。一天中有哪些时间可以安排呢？每个时间段可以注意些什么呢？让我们从一天的时间管理的可能性中，提升自己的每日竞争力。当你还在感慨星空浩瀚而梦想遥不可期的时候，不如把目光收回，把头低下，把脚踩实，用心耕耘好每一天的学习生活。

1. 一日之计在于晨：高效利用早自习

（1）必不可少的任务意识

昨日的作业已经完成，新一天的课程还未开始，早自习的时间，很容易在"不知道自己要做什么"中虚度。每日应为早自习确立一个明确的任务，如明确的背诵内容、记忆内容、朗读内容等，从而有效地集中自己的精力，驱散还未褪去的困意，开启一天的学习。

（2）抓住语感培养的黄金时间

不管对于文科还是理科的同学，语文和英语都是"江山"巩固的基石，而语文和英语这两门科目都是很需要"语感"的学科。明媚的清晨，何不用来培养自己与语言的亲密度？比如，你可以朗读，出声地并且尽可能优美地读。这样，不仅可以调动多感官以加强印象，还可以让自己从字词句段和抑扬顿挫中收获美感。其实，一个诗意的早读真的会增添你对简单生活的热爱。

（3）及时消化知识"瓦块"，在加强记忆中深化理解

昨日学习中新获得的知识，你可能昨晚已经复习过了，也或许因为作业太多没有来得及消化，不管怎样，想要把一个个知识"砖瓦"及时有效地添加到自己的知识"大厦"中，你还需要再去巩固它。早读处于一个承上启下的黄金时间段，趁着知识点还没有混入记忆碎片，就在早读时间及时消化它并进一步吸收吧。

划分时间段——早自习的效率提高术 ◀ ◀ ◀◀

小 T 在一所寄宿制高中读书，每天早上六点半起床吃过早饭后，到教室中开始早自习。学校统一安排的早自习时间是 6:50—7:50，有持续一个小时的完整学习时间。但是早上属于小 T 易困易走神的时间段，所以她选择把这一个小时切割，分为 10 分钟、20 分钟和 30 分钟三个时间段，在每个时间段安排定量的学习任务，给自己增加完成任务的使命感以提高自己的效率，避免走神。

前 10 分钟小 T 可能会进行描图练习、地图精看，或者是记忆一个新学习的知识点，以完成小的目标来获得满足感，从而更好地开启一天的学习。

中间20分钟被小T用来进行语文朗读，小T不仅在书中圈圈画画标注重点，还大声朗读，她觉得这样能把知识点记得更加牢固，还能避免忽略一些重要的用法和写法。

后30分钟是小T用来学习英语的时间。她不仅会在这个时间段背诵自己昨日积累的单词、短语和语法，还会朗读一些英文诗歌，渐渐培养起了对于英文诗朗诵的兴趣。因为这个习惯，小T积累了许多地道优美的英文词句，不仅写起英语作文来文思泉涌，还在全国英语竞赛中取得了好成绩。

2. 关注你的课间： 合理安排时间缝隙

下课铃响了，有些同学会像枪膛中推出的子弹一样飞离座位，有些同学整个课间都在座位上一动不动。其实，当我们思考课间设置的目的时，就会发现，每个学科具有不同的性格和思维，我们的大脑也因为长时间的集中精力而需要休息，课与课的间隙，就是一个非常宝贵的调整休息时间，也就是用来"换脑子"的。有意识地关注课间的规划和利用，能够更好地为"一日学习大业"服务。

休息与预备结合——课间的有意识规划 ◄ ◄ ◄◄

小T的课间时段是10分钟，她一般把这10分钟切割成1分钟、6分钟和3分钟。

前1分钟，她在大脑中快速回顾一下上节课的内容，以检测自己听课的质量。

中间 6 分钟则用来休息，她会离开座位，去走廊中接水，去窗边望远，去洗手间，等等，都是这个时间段的常见活动。

临上课前的 3 分钟，她会坐回座位，让自己从休息状态中回归，简单翻看课本或者做一两道练习题。

对于小 T 来说，她不仅从课间中获得了足够的休息，可以保证下节课的精力，也进行了很好的心情调整，减缓了自己的学习压力。

3. 每日的重头戏：合理规划课后学习

同学们在每天上课后，都要经过必不可少的自习课，而自习课上的整块时间是同学们完成当日学习计划，复习巩固所学知识的最佳时机。根据每日课程设置以及任务量的不同，合理地规划自习课时间，是提升每日学习效果最重要的部分。

长时间学习的突破——自习课的节奏把控

小 T 每天都要上 3 个小时的晚自习，她常常根据当天学过的内容把自习课分成三部分。在长时间的学习中给自己设立一个个"小目标"，以期将自己的效率维持在最大化。首先，她会拿出 20 分钟来再次复习当天所学知识，等到自己确定已经对当日内容有了较好的理解后，她会开始有顺序地完成当日的作业，通常是由难到易。最开始，高度集中的精力能够保证小 T 解出难题，当后期精力难以保持时，她开始完成一些较为简单的或者重复性的工作。这样的安排让小 T 每天都能很快地完成作业，并且开始她的第三阶段任务：预习。小 T 会结合次日课程安排，优先理解课程内容中重难点部分，就算难以理解，小 T 也会写下自己在阅读中遇到的问题，以便上课时能够有针对性地听课，为自己答疑解惑。

要点提示

- 收拾好自习课上那些浪费在"不知道做什么事情"状态上的时间。
- 利用时间碎片去日积月累。
- 从由简到难这一循序渐进的学习过程中获得成就感。
- 每日规划的可操作空间远比你想象的多：从早自习到课间再到课后学习。

二、 多维度的时间管理——一周时间计划

规律、循环，吸引着无数科学家的关注与兴趣，在我们深潜于学习的岁月里，我们也需要探索学习生活的周期与循环，而"一周"便是最可控的循环节。正确对待一周的时间周期，科学规划，合理安排，劳逸结合，张弛有度，对我们正在生长的身体和逐渐积累的知识都大有裨益。

1. 课表："以我为主，为我所用"

（1）从一周整体安排上审视课表

在本章的第一节里，我已经分享了如何结合课表进行每日规划。现在我们从一周的安排上来总体看一下课表：各类课程和学习压力是不是"均匀分布"？通常哪一天自主安排的时间会更多？自己擅长的学科和相对弱势的学科都在哪几天上课？

(2) 梳理自己需要和想要完成的任务

除去不可知不可测的新任务，我们列出自己需要完成的任务，同时对任务的耗时量进行预判。任务耗时可以是一天中的几个小时，也可以是几天时间的叠加，在列的过程中，心中就能够形成对于时间松紧度的认知，从而更好地进行任务的取舍。

(3) 结合课表规划周一至周五的时间

通过对课表的整体审视，我们可以了解每天的时间安排特点。通过梳理"任务列表"，以工作日的五天为单位，我们可以对本周任务有一个明确的感知。在两者的基础上，我们将任务与时间进行最优组合，不仅要"见缝插针"，还要"时尽其用"。

拒绝"心猿意马"

小T是一个想法很多的人，总是"想起一出是一出"。有时，她想起还有没看完的书，就放下作业去看书，导致不得不熬夜完成作业；有时，她会突然想为次日的习题课整理问题，结果忘记了当晚要交的语文习作。为了克服自己因想法多造成的"拖延症"和"不靠谱"，小T决定结合课表进行一周的时间规划。

周一数理化课程比较集中，作业练习量大，当日作业一般以数理化作业为主。完成作业后，小T进行语文或者英语学科的课外阅读。

周二的历史课往往会讲授新的内容，需要及时消化、理解、背诵，小T就在周四课后的自习时间先复习背诵，再做练习。同时，周二一般作业较少，自主安排时间多，小 T 针对自己相对劣势的学科进行整理、复习、练习。

周四的早课是数学习题课，所以小 T 将周三晚上设定为进行错题重做和问题整理的"专门时间"。

通过将不同性质和耗时各异的任务合理安排在不同的时间段，小 T 对于"什么时间该做什么"不再迷茫了，同时因为能够及时有效地进行练习和复习，小 T 感觉自己更能适应课表的节奏了，而且不用突击熬夜了。

---

2. 周末： 张弛以致远

（1） 作息稳定是关键

经过一周勤勤恳恳的耕耘，心心念念的周末到来了。周五晚上、周六晚上是可以比较放松的时间；周六早上、周日早上是睡眠格外香甜的日子。周末应当放松，没有早自习，没有要写到很晚的作业，适当晚睡、适当晚起都是很好的调节方式。但，如果快到黎明才睡，日上三竿才起，便会极大地影响我们工作日养成的作息平衡。打破作息规律，不仅使周末休息的功能消失殆尽，更会使接下来的新一周浪费在困倦和调整中。

（2） 周末不是"自习版"周一

很多平时就喜欢在课间和课外活动时间"争分夺秒"的同学，会格外感到周末的可贵，总是早起晚睡，保持高度紧张。确实，周末是一个很宝贵的学习时间，但如果将周末的价值仅仅定义为"不被打断的学习时间"，其实是低效率地过度开发了"周末能源"。唯有张弛有度，方能宁静致远。

(3) 周末是知识的加油站

周末不是自习的"周一",周末也不是可以全然放松的"大年初一"。周末不能只学习,也不能不学习。在之后的章节中,我会详细介绍在高中阶段可以经常使用的"三反复"学习方法,其中很重要的一部分就是周末的反复。一周接受的知识,需要整理,需要消化,需要练习。在这一点上,没有比处于承前启后位置的周末更合适的时间了。

合理规划周末时间

在学会合理规划时间之前,小 T 的周末过得非常"随性"。有时,她会在周五晚上看两三部电影,然后睡到中午,用一顿"brunch"(早午饭)打发自己,然后在慵懒和困倦中刷刷手机、看看电视,周六一天就过去了。然后在周六晚上十分慌张,想到自己还有很多作业没有完成,只能在周日紧赶慢赶地完成作业,不仅质量不高,而且心情很差。有时,她周五回家放下书包就学习,周六早上定一个非常早的闹铃,周六周日两天都高度紧张地学习。虽然作业能很快完成,还能多做一些练习,但是她在下一周的周三就会感到非常困倦,天天有一种"盼望周末"的疲劳感。

小 T 意识到这样不规律、不合理的周末安排,实际上给自己造成了"5 + 2 < 7"的影响,于是决定好好规划一下自己的周末。周五放学早,小 T 在回家后先学习两个小时,在吃过晚饭后与爸爸妈妈一起外出散步,而后看一部电影

011

或者阅读一章节课外书。周六小T让自己比平时晚起一个小时，起来后按照计划完成作业、整理习题。作业少时，小T会和朋友约着去打打网球；作业多时，小T则会利用周六一天的时间完成作业。周日上午，小T会跟随热爱远足的爸爸外出，或者和妈妈一起去购物，有时也会到少年宫参加读书小组活动。但是小T在周日的晚上就不再外出了，她利用这一段时间"收心"，把自己从周末状态中调整回来，为下一周的学习做好准备。几周下来，小T发现不仅自己周末作业的完成质量稳定提高，而且也让周末得到的放松有效地为新一周的学习提供了支持。

要点提示

- 分析一周学习强度，以课表为"石"，加"水"加"沙"。
- 将任务量与时间段特点相结合，做到精力与任务的高效匹配。
- 周末因规划更美好，学习、娱乐都不可少。

三、多维度的时间管理——假期的时间计划

曾经听到别人说："不怕学霸刷题多，就怕学霸放暑假。"这虽然是一句玩笑话，但也足以窥见寒暑假对于学生，尤其是对于初三、高三学生的重要意义。思想之弦上紧了，行动力还要足够。无数个关于寒暑假的雄心誓言，都抵不过最终毫无落实的苍白无益。常立志不如立长志，不如把每天立的"明天我要学习"的"大旗"，汇总成对于假期科学合理的规划网络。

1. 把假期的大段时间 "以大化小"

对于时长数周甚至数月的假期，我们总感觉有很多时间可以利用，但就是在这种心理的影响下，处于假期模式的我们很容易"浑浑噩噩"。将大的假期分解成小的时间段，在漫长的假期里，对于自己所处的阶段有清晰的把握，有利于我们科学规划假期，合理利用时间。

精打细算假期时间 ▸ ◂ ◂◂ ▰▰▰

　　高三生小 T 放寒假了，因为是高考前最后一个长假期，小 T 决定好好利用。在这个假期里，有举家团圆的春节，也有一场需要到外地参加的面试。于是小 T 将 28 天的假期分为三个部分，第一部分是放假之后到过年前，她对这一阶段的设定是"以自主进行一轮复习为主，以准备面试为辅"。她打算利用这个时间将一轮复习阶段的知识全部详细地熟悉一遍，将自己上学期的学习心得夯实到知识体系中去，同时，插空进行面试准备。过年期间，小 T 给自己放了五天假，她在与家人共度春节的同时，去外地参加了面试。年后，小 T 认为自己的任务是对近年试题的自主整理和熟悉。下学期老师就要带着大家一起分析近年试题了，小 T 想要做好准备，增加自己对于题目的熟悉程度，揣摩出题人的意旨。

2. 加强身体锻炼，保持规律作息

一个人的作息习惯是常年累月养成的，加起来能够占据一年四分之一时间的寒暑假，自然在作息习惯形成中起到很大的作用。作息紊乱和缺乏锻炼是两大假期恶习，只有注意克服恶习，稳定作息，加强锻炼，才能在身体上和学习上双赢。

(1) 注意调整作息

假期的学习强度远远低于开学后的学习强度，假期的睡眠时间总体上也大于平时的睡眠时间。开学后，在学习强度增加和睡眠时间减少的情况下，很多同学难以在短时间内适应，只能在刚开学的一到两周内进行调整，不仅是一种学习时间的浪费，也会对整个学期造成不好的影响。许多高度自律的同学，在假期中能够自始至终地保持稳定作息，但对于很多同学来说，在整个假期里都保持规律的作息难度太大，那么，最起码要在开学前预留 1~2 周的时间进行作息调整。

（2）抓住难得的锻炼时机

身体是革命的本钱，体力是学习的保障。身体素质的好坏，不仅会体现在平时的学习过程中，更会在关键的冲刺阶段极大地影响一个人的精力、耐力和专注力。平时因为学业压力大而疏于锻炼是在所难免的，那么就一定要抓住假期这一宝贵的锻炼时机。冬阳正好，夏歌悠扬，锻炼正当时。

为冲刺做好"身体准备"

　　一直不喜欢锻炼的小 T 在高三下学期觉得格外吃力，每天的高强度学习让她的身体有些吃不消。首先由于精力不足，她经常在早自习和晚自习时犯困，有时累了想要在桌面上趴一会儿，却不知不觉地睡过了一节课。她为此十分苦恼，决定熬夜来补足自己因劳累而浪费的学习时间。谁知这也不是长久之计，不出两周，她就病倒了，不得不在课程密集的周三请假到医院看病，在家休养，她的内心急上加急。病好后，小 T 痛定思痛，决定开始锻炼身体，她试图跟上学校的每日跑操，渐渐地从一圈都跑不下来变

得能跑一圈、两圈。就连备考的黄金周末，小 T 也会抽出
15 分钟的时间，绕着楼慢跑一会儿。后来，小 T 的身体慢
慢变好，直到高考前都再没出过什么岔子。

----

3. 开阔视野、提高境界：抓住提升自身综合实力的黄金时间

（1）让身心"走出去"

学习压力较小、自主空间较大的寒暑假时间，是我们难得的提
升机会。因为我们不仅应该拥有从容的心境，也要有更多个性化发
展的空间。让自己的"身"走出去，不仅指在自然和人文风光中陶
冶性情，还指参加素质拓展、专题研究等主题夏令营。让自己的
"心"走出去，则是可以通过读书、观影、练习乐器等让自己感受另
一种美好。"身心"出走，是一种很好的放松，也是自身软实力的无
形提升。

读万卷书，行万里路 ◂ ◂ ◂◂◂◂◂

平时过着"三点一线"生活的小 T 在上学期间很少能
有机会外出，一直坚持的小提琴练习也不得不因学业压力
较大而搁置。为此，小 T 决定好好利用假期时间，让自己
的生活更加丰富。除了预习之外，小 T 在假期中与朋友进
行了一场博物馆之旅，并有计划地阅读了《约翰·克里斯
朵夫》。开学后，小 T 在历史课上与大家分享了假期见闻，
并且觉得自己写起作文来素材不再那么匮乏干瘪了。

（2）预习工作不可少

只有休闲娱乐的假期固然舒适，却因缺少学习而略显单薄。在学业正式开始之前，在假期进行有效的预习，才能对接下来的学习有所准备。

（3）制订假期作业以及复习计划

有一定休闲娱乐时间的假期，必定建立在扎实的复习与知识的掌握上。面对繁杂而又多样的暑假作业，首先不要抱有畏难心理。如果把老师布置的作业分配到整个暑假，其实每天茶余饭后抽出一点时间就可以完成。所以，面对作业，一定要根据自己的假期安排，提前做好规划，将作业化整为零。完成作业的过程也就相当于复习旧知识的过程，每天完成作业的同时，也可以帮助我们悄然巩固基础。

017

要点提示

- 以大化小，集约"消费"假期时间。
- 投资自己的身体，假期锻炼正当时。
- 提升软实力，巩固硬实力——开阔视野，做好预习。

四、 让计划落地

1. 前提：提前规划

活在当下，会给人带来宁静，有利于我们专注于脚下。有效规划，会使人感到责任，有利于我们把握机会。适当地提前规划，能够帮助我们更好地安排时间，从而为即将到来的机会做好准备。

莫道君行早，更有早行人 ◄ ◄ ◄◄ ▨▨▨▨

小T想要参加一个一年一度的作文比赛，查明比赛时间后，小T决定在假期提前做规划，好让自己做好充足的准备。此时距离比赛还有四个月，小T根据时间轴制订了"准备阅读资料、寻找作文素材—初稿写作—寻求点评—初稿修改—终稿完成"的计划，在作文比赛前完成了自己的参赛作品。

2. 方法："三反复"

反复，不等于重复，而是对所学知识的要点与核心的巩固。结合关于记忆规律的科学研究与个人的实践经历，我们应该有意识地摸索适合自己的"复习方法"，并将其作为自己学习计划落实的有效工具。以下这种"三反复"的学习方法，可供大家参考。

（1）课后反复

伴随着下课铃声，很多同学会迫不及待地离开座位，或是掏出久违的手机。然而有一些同学会选择在这个时候先静坐在座位上"沉思"，他们所做的便是重温刚刚课堂上老师教授的内容。刚上完课，最好先把课上讲的内容在脑子里简单地过一下，因为这个时候我们对于新知识的记忆处在最鲜活的状态下，及时回顾反复，会很快帮我们巩固记忆并加深印象。

（2）作业反复

晚上坐在书桌前，拿出功课想要完成今天的任务时，不要急着做作业，不妨先来回想一下，这一科今天都讲了些什么内容。先想好大致的步骤和框架，这样在做作业的时候就会很容易产生熟悉感，大脑也会回到白天课堂上积极的状态。先复习再写作业，也可以省去一部分写作业时频繁翻书的时间。

（3）睡前反复

结束了一天的功课，可千万不要在疲倦中如同行尸走肉一般，迅速完成洗漱，然后进入梦乡。为了保证更好地掌握知识，可以在刷牙、洗澡的同时，回想一下今天的学习过程。在身心开始放松后，再次反复，这会加深在精神状态不同的情况下的记忆，同时作为对一天学习的总结，也会使自己"看到"所学的成果，从而产生成就感，不但夯实了知识，还为自己补充了动力。

忽视反复，埋下导火索

小 L 不是一个耐心的同学。虽然对于老师上课讲的内容可以迅速理解，但面对 45 分钟的课程，他还是会感觉到疲惫和烦躁。所以，一下课，小 L 就会立即离开自己的座位，去找他的朋友谈天说地，嬉戏打闹，反正上课讲的东西都听懂了。晚上吃完饭，当小 L 拿出作业开始学习时，他总是想不起来一些知识点的细节，比如新学的解法步骤，上课刚背过的定义、概念，等等。这种时候，他才不得不拿出课本和笔记，一点一点地对照作业要求完成任务。小 L 从来不是一个勤于复习的人。第二天上课，当老师提问他时，明明昨晚刚刚做完的作业，现在回答问题时却遗漏了一点细节。他觉得这些纰漏微不足道，但这却会成为他日后知识掌握不扎实的导火索。

----

3. 两个列计划的原则

(1) 时间优先原则

这一原则指的是在列计划时，优先考虑时间安排和规划，提早计划。我们所做的一切计划，都仰仗着时间的充裕，这意味着我们在做计划时，需要优先考虑时间的可容纳度，毕竟有限的时间只能承载有限的事件。做计划时标明时间的优先级，能够确保计划的严谨性和完善性，避免由于自身松散而导致的"弹性执行"（这将会一再拖延我们的工作进度）。制订计划一定要提前，因为这是我们进行一切活动的前提。

（2）梯度原则

梯度原则是基于时间优先原则，进一步做出的规划。有了完善的安排，充裕的时间，我们就需要考虑事件的顺序。任何计划中的项目都不是随便排布的，有些事情可能是因为既有的约定而必须定在某一个时间段，而其他事情的安排，或是依照重要程度，或是参考紧急程度，都需要体现出阶级梯度，以此保证计划高效落实。

4. 两种计划落实的方法

（1）时间管理式

正如之前提到的，在我们平时的学习生活中，无论是工作日还是周末、假期，里面都有很多值得注意的细节。合理规划自己的时间安排，在考试前甚至可以精确计划到每一秒，从早到晚，细致入微，甚至到进入考场前看什么书，带多少笔都有详细规划。时间管理的魅力在于，它会给你一份精细的列项，深思熟虑后的判断可以让我们变得如机器一般精准、高效，从而从实质上、心理上提高效率，并确保计划的完成程度。当然，这是我个人的情况，可供大家参考。对于很多人来说，可能会需要在时间规划上给突发事件留出一些弹性时间。

(2) 任务管理式

任务管理式的落实方法，顾名思义，就是制定一系列任务，然后由自己来完成。然而，制定任务的难度，以及任务与所学项目的相关性，都需要在深思熟虑之后进行权衡。不恰当的任务并不能有效地帮助我们达成目标，难以将多方面的知识内容融会贯通，激发学习兴趣。"任务管理式"的学习方法，可以将我们制订的、有一些"缥缈感"的计划变得实质化。我们可以借助便利贴、记事本，把一个个计划变成现实的任务，消除浮躁空泛的"应付式"学习，真正做到脚踏实地。

两种方式巧妙结合 ◄ ◄ ◄◄ ━

小 L 自从高一的暑假开始养成制订计划的习惯后，明显感觉到了自己学习效率的提高，因为计划会指引给他明确的方向。然而，随着高三学习任务的加重，课外活动的增多，以及休闲娱乐的诱惑，小 L 开始感觉力不从心，往往做好的计划得不到全面的实行，繁多的任务和突发的状况，使得他不得不在时间紧迫的时候有所取舍，放弃掉一些原本应该投入时间的项目。慢慢的，小 L 再也没有了当初的执行力。小 L 正是由于没有成型的计划落实体系，才导致他的计划渐渐失去了效益。计划的落实应该有一种强迫式的，又或是诱导式的方法，使你不得不按照列表完成计划，达成自己真正想要的目标。这也是小 L 目前正在学习的主要内容之一。

要点提示

- 莫道君行早，更有早行人。

- "三反复"：计划落实的有效工具。

- 根据事情的紧要程度设定时间优先级和任务管理梯度，让计划脚踏实地。

五、 鱼和熊掌亦可兼得： 用时间规划平衡学业 与课外活动

作为学生，大家无比清楚地知道，在目前的阶段，学习是最需要用心经营的事业。当努力去探索中学生涯的另一种可能性，去参加学生组织、社团活动，发展兴趣爱好的时候，经常会面对学业与活动不能兼顾的窘境。如果大家因此而手足无措，不如从时间规划上入手，实现自己"学习＋N"的全面发展。

1. 巧用时间规划： 分清主次， 游刃有余

有限的时间是一块蛋糕，如何分配是一门学问。规划管理能力的强弱，直接反映出一个人的生活状态。因为对自己负责的人总会在正确的时间里做正确的事，把每一件事都放在属于它们的时间段里。而对于不同项目的判断分析，也是一种重要的能力。除了固定的学习时间，我们需要根据其他活动的优先级、难度，来为它们规

划合适的时间。在中学阶段，学业要分的蛋糕必须要大于其他活动所分的蛋糕。

（1）"学业"为石，填充时间容器

想要使其他活动与学业有机结合，我们要在根本上保障学业在时间分配中的重要地位。活动再多，精力再投入，我们也要确立一个"学习时间占比红线"，避免出现本末倒置的状况。

（2）"活动"为"沙"，巧用碎片化时间

碎片化的时间，充斥着我们的生活，这些细小的部分，很容易磨损在紧张快节奏的学习生活中。鞋底的一粒沙会牵扯你的一整趟旅行，看似"微不足道"的小事情，却磨掉了你大把的时光。如果将所有的时间细流全部收集起来，形成的江海会是一笔很可观的"财富"，真正让我们拥有额外的"时间"，给予我们平衡好各项活动的"底气"。

2. 信赖时间规划：该收该放，在正确的时间做正确的事情

在"活动"与"学习"中艰难切换时，我们不妨服从于计划的"权威"。在宏观分配时间的基础上，我们应该信赖自己的时间规划，明确判断和定位自己所处的时间，该收时就收，该放时就放。

巧妙利用计划的"权威"

小T最近一直在准备自己的建模比赛，经常会在学习过程中走神。为了使自己集中精力，小T决定严格执行自己的计划。自习课上，她突然想到一个改进建模方案的好点子，正想与同组的小 L 讨论，但她看到计划上标注此时为"学习时间"，于是决定暂时记下点子，等到休息的时间再与小 L 讨论。

要点提示

- 学业为主，活动"巧"参加。
- 及时调整，收心入神。
- 信赖计划，形成良性循环。

第二章　效率提升

　　我们常常感慨时间不够，作业难以完成，制订的计划来不及做，却常常忽略自己的学习是否高效，方法是否得当。决定成果的两个维度是效率和时间，大多数人都在努力做到争分夺秒，但能始终坚持高效学习的却寥寥无几。本章将提供在学习策略上提高效率的思维方式和在具体学习中提高效率的小方法，希望能够给大家一些启发。

一、 建立自己的学科知识系统

一个学科的知识系统包括基础的教材知识和在题目、课外材料中吸收的新知识，"成建制地""系统性地"工作，有利于我们提高接受知识、理解知识的效率。

1. 学科知识的原始积累

从对全新科目一无所知，到能够独立完成一套综合的试卷，我们用两三年的时间掌握了达到高考要求的大部分知识。但你是否想过，其实自己所掌握的东西很大程度上是在一次又一次的练习和考试中被"重新塑造过的"。在一场完整而严格的考试中，真正决定成绩的是坚实的知识基础、清晰的做题思路和足够的解题技巧，而不是缺少组织的知识总量。那我们该如何明确知识层次，避免"把所有的知识都装在一个筐里"呢？

(1) 确定不同学科的核心内容

知识本身是没有高下之别的，但不同知识在高考中的轻重却是有所不同的。每个学科的核心内容都被写在考纲上。考纲甚至给出了它们的重要程度排序。这些知识的考察方式也被固定成有限的几种题型。这两个方面都是有迹可循且边界清晰的。

(2) 地毯式排查

我们常说的"回归课本"就是在这一步。一个完全由试题和技巧构建起来的知识体系必然是支离破碎的。我们需要内容明确、重点分明、层次清晰的知识架构。试卷来源于教材，学习的首要任务不是去训练某个具体的"常考题型"，而是对着考纲，结合教材，构筑自己的知识框架。"考点"只是描绘了知识的轮廓，教科书却构建了一个"有血有肉"的躯体。阅读课本对知识理解的提升和漏洞的弥补是极其有效的。

(3) 借助题目深化思考

高考的应试化程度之高，甚至足以使一个从来只是做题、背题型的人拿到不错的分数。但是我们不能被这种应试化的形式和少数人以此谋得的小好处所蒙蔽，应该把做题定位成构筑知识体系的重要一步，而不是全部。

先有学科知识体系，掌握大部分知识；再用题目查漏补缺，掌握题型解答技巧，拓展思路，提高速度。这是一个比较理想的学习过程。能够踏实完成这个过程的同学，在高考复习后期会极具上升潜力。

2. 借助题目更新知识

我们总会有这样的感受：那些绞尽脑汁勉强做出来的题目，一个月后再遇到可能还是需要抓耳挠腮一番；那些错过的知识点和疏忽的细节，下一次也还是会重蹈覆辙。很多时候，我们只是做了题，却没有"更新知识"。这时，我们付出了"学习时间"，却并没有获得"学习回报"，就像是力的方向垂直于速度，费力却不做功。想要避免这种"时间上的浪费"，需要我们对于完成的题目进行充分的反思，以便更新和扩展自己的知识结构。

（1）错题本的必要性

永远朝着"题不二错"的境界努力。包括语文、英语在内的每一科，都应该有自己的错题本，具体的操作方式可以参照后面"工具善用"章节的内容。

（2）举一反三与归纳

《论语·述而》："举一隅不以三隅反，则不复也。"首先要试着拓展自己的思路，衍生已经记录的题型，其次要善于发现同类型的题目，并且把它们记录在一起进行比较。

（3）及时有效地复习

只有可以熟练使用的知识，才是真正能帮你提高分数的知识。考试的时候，我们很少冒险使用自己不熟悉的方法解题，所以如果需要掌握这种方法，就要不断复习到完全熟练它为止。如果不是以开阔眼界为目的，对知识的浅尝辄止就是对时间的浪费，要么不去了解它，要么彻底弄懂它。

3. 建立一整套固定的消化系统

做到了知识体系扎实，并能够不断地为它添砖加瓦，我们就可以试着让这种"小作坊"式的工作"工业化"了。简而言之，就是建立一套专属于自己的"消化体系"。对于学习中的"常见场景"都有一套自己熟悉的"处理方式"。

（1）课间时间，闲暇时间

许多下课仍然可以保持学习状态的同学，常常把这短短的 10 分钟花在完善笔记、复习预习上。但大家要意识到：课间不但是帮助我们调整状态的休息时间，同样也是优质的"交流时间"。像是诗歌鉴赏和英语阅读这些主观性比较强的题型，高分在一定程度上依赖于某种"贴合出题人意图的答题思路"。长期、频繁地与老师同学交流，有利于开拓自己的思路，跳出固有印象对自己的束缚。所以在时间较为充裕的大课间，我更加推荐大家用这个时间段来请教别人或者交流问题。

（2）一日结束

这是审视当日计划完成情况、制订第二天新计划的最好时间。统计一下自己今天完成的工作，看看有哪些是需要延续到明天或者更久的，有哪些是需要及时复习巩固的，有哪些是需要和老师同学交流的。如果觉得自己今天成就满满，对第二天充满了期待，那晚上入睡也会变得容易。

（3）考后时间

这一部分可以说是本节的核心。在高三后期考试极其频繁的情况下，最好要建立一套"基于考试的消化体系"，即具体到每一科的每一道题在考后该如何处理消化。用语文来举个例子。

语文卷子的处理 ◂ ◂ ◂◂ ◂ ▨

语文考试后的晚自习。对过答案后，小 C 开始用自己熟悉的"流水线作业"来处理考卷。

- 论述类文本：明确十二个选项每一个的错因，其实无外乎是前人整理好的那几种类型。某一个选项如果自己无法总结出原因，说明自己在这方面掌握得不扎实（当然还有一种小概率的原因是题目出得太差了），等着随后和同学讨论或者问老师。

- 阅读：总结出现的生僻题型，根据答案感受做题思路。适合当作文素材的人物传记，可以把主人公的人生轨迹和故事勾勒一遍，再附上几个关键词。有时间的话可以扩写成直接能用在作文中的段落。

- 古诗文阅读：标记实词含义，积累没见过的文学常识，总结诗歌鉴赏的选择题知识点和主观题思路。

- 默写和后面的综合类题目：默写——把易错字词在课本上标一遍，成语病句——积累更新在笔记本上。凡是没见过的题型，没想到的点都做一遍记录。

033

- 作文：试着再找出几个相关论据，把原来的论述思路努力深挖一步。等到高分范文发下来后，便可以着手重写作文了。
- 最后，总览自己卷子的错题点，不熟悉的点、需要进一步学习的点，记录在册，确定接下来一段时间语文学科的侧重和任务。

要点提示

- 左手拿课本，右手拿考纲，构建知识框架。
- 通过题目训练扩充知识框架。
- 做题之后必反思，错题之后必记录。错题总是有原因的，不能安慰自己粗心就直接略过。
- 及时复习，在某个知识学过之后就应该在日程中确定好之后的复习计划。
- 重视课间交流，一天的学习结束之后注意回顾展望。
- 考后认真处理每一道考题，逐渐形成自己独有的处理方法。

二、 树立学习上的 "品牌意识"

所谓"十鸟在林，不如一鸟在手"，"品牌意识"的主要思想是要在高考科目当中有自己擅长的一两科，在每个科目中有自己擅长的几个板块，在每个板块中有自己擅长的几种题型，是一种要把自己的一些方面打造成"明星"的"品牌意识"。

1. "品牌意识"带来的效益：细化目标，获得激励

"打造自己品牌"背后所蕴含的逻辑是把"大动作"拆解成"小动作"，把"大目标"拆解成"小目标"，并及时享受阶段性成果带来的激励感。

我们希望自己每一科都很优秀，但是这很难达成。于是我们先退一步，让其中一两个学科"做得不错"，再以此为据点，步步为营，争取把优势延伸到其他科目。同理，我们在实现"让自己的某一科足够优秀"的过程当中，最好先争取使某些板块"固若金汤"，

再把优势延伸到整个学科。一个大的目标就被拆解成一个个的小目标，而小目标的达成也使得我们的注意力和精力可以更大程度地倾斜于剩余的部分，所以这也是拯救焦虑、变得专注的好办法。

（1）方便做计划，可操作性强

假如你已经很擅长三角函数，那么在复习过程中自然会觉得轻松，也就更能把时间用在其他地方。这实际上是使"眉毛胡子一把抓"的复习方式变得"有侧重，有计划"。每一个已经成为"品牌项目"的板块，都像是你内心深处那个"待办列表"中已经划去的一行，让人轻松且目标清晰。同时，"认真学数学"这样宽泛无力的考后总结远远不如"加深对抽象函数求导的理解"这样的目标来得更实在一些。我们所选的突破点越小，便越具有可操作性。

（2）有激励作用

让人沮丧的常常不是学习本身，而是遥遥无期的回报和看不见的进步。我们希望每天都能看见自己的成长。努力去打造一个属于自己的"品牌"，或许它只是解析几何当中的某一个题型。当你下一次遇见它时，那种毫不犹豫的自信和水到渠成的思路所带来的成就感会让人上瘾。你甚至可能成为大家心中的"解析几何大神"。本来对数学避之不及的你会因为一步一步的突破，获得巨大的提升。

2. 如何打造自己的"品牌"

优势建立的初期，我们需要向自己选中的科目、板块、题型倾斜大量的时间。毕竟我们在分配学习时间的时候注定是不平衡的，不用产生对其他科目的"愧疚感"或是"惶恐感"。只要能够对整个过程（选择科目、付出时间、调整目标）有清晰的规划，就能尽在掌握之中。

（1）选择科目

第一个"品牌科目"的选择尤其重要，至少需要考虑三个方面。

第一，喜好。

"知之者不如好之者，好之者不如乐之者"，选择自己最喜欢的科目是非常明智的。"万事开头难"，如果一开始就从自己最想要提分的学科（常常是自己学得最不好，也是最不喜欢的学科）着手，相当于难上加难。考试已经很让人头痛了，我们不应该人为地为自己加大难度。

第二，长远角度。

从长远来看，语文和英语更加适合当成首先突破的科目。因为这两科更加看重底蕴积累，并且因为题型和考察内容长期变化不大，所以是可以"以一贯之"的学科。一旦有所突破，它的分数是非常稳定的。不像数学，即使做到了"比较优秀"，也很容易遇见不会的题目。

第三，困难程度。

从"困难程度"来看，数学、物理等科目略胜一筹，当然也许对每个人来说都有令自己发愁的不同"难点"。困难总是要克服的，趁着有时间早一点攻克总比晚一点要好。对大多数人来讲的"合适"并不意味着对你自己合适。科目选择最终还是要综合考虑喜好、长远发展、困难程度等多个方面，还是要向比较了解自己的老师、同学咨询意见，综合考虑。无论是选了自己最擅长的一科，还是选了最合理的一科，选择之后，便是坚持。

（2）付出时间

时间的付出是取得好成绩的基础，既然选择了"品牌科目"，就要对时间的分配有着"壮士断腕"的决心。在保证其他科目水平稳定的情况下，尽可能在这一科上投入时间。不同人对于"稳定"的要求不一样，能做到其他科目稳中有升的同时品牌科目有大幅度提高自然是最好的。但如果退而求其次，先放一放其他科目，让品牌科目先提升起来，这也是可以接受的。

（3）调整目标

一个学科的提升没有确切的上限。你在擅长一个科目后很可能就更乐意做这个科目的题目，但实际上你在这个科目上的水平已经足以应对考试。这个时候不要再继续把大量时间投进这个学科了，因为其他学科也需要投入时间和用心呵护。可以给自己定一个标准线，比如"单科年级排名比自己总分的年级排名高20%"，当"品牌科目"过线并保持稳定一段时间后，就可以考虑下一个目标。每一轮科目的提升都不是一劳永逸的，当我们的整体水平上了一个台阶后，就可以着手进行新一轮科目的提升了。

要点提示

- 选择一两门学科集中突破。
- 其他学科可以暂时为你所选的"品牌学科"的学习让渡时间。
- 选择学科的时候多考虑老师的意见和自己的现实情况。
- 品牌科目打造成功后，及时进行新一轮科目提升。

三、 培养大局观

对于不同的学科，学习进程是截然不同的。英语和语文绝非一日之功，数学不可能单纯依靠背诵记忆就万事大吉。不同的学科以不同的方式分取你的时间和精力，并且以不同的转化率体现在分数上。所以，在什么时期该侧重哪一科，在长期规划中每一科处于什么地位，如何先快速地使用"学科红利"使分数完成突跃，又如何在长期的坚持中突破瓶颈，都是值得我们思考的问题。

1. 尽早学好语文和英语

语文和英语适合在前期就大量投入时间，并作为我们在前文中提到的"品牌学科"来培养。因为它们都非常需要长期的积累，并且分数比较容易保持稳定。更重要的是，从知识的广度或者题型来看，这两科从高一到高三并没有太大的变化，语文和英语学习习惯的养成是近乎"一劳永逸"的。站在三年的角度来看，越早掌握这两科的学习心得，就越能获得高效的收益。

2. 应试中的大局观

有一件事情是很多人整个高中阶段都没能真正想透彻的，那就是一张卷子几乎是没法得满分的。想要拿到高分不需要我们会做每一道题，甚至某些难题完全不会也可以，并不存在一种"这道题的分数必须要拿到"的说法，没有哪道题是非做不可的。

（1）简单的比较

作文45分和作文50分给人的心理感受是天差地别的（全国卷作文满分为60分），但是从总分的角度看，这5分和数学一道选择题的5分并没有任何区别。对我们来说，作文想要从一个接近平均分的45分提升到算是高分作文的50分，需要付出的努力非常大。而练熟一个自己经常犯错的数学题型（比如解析几何的选择题）的困难程度，绝对要小于作文提升这5分的难度。同理，英语作文的几分之差、数学压轴题的最后一问做不出来所失去的那几分，放在个人失去的总分中都是微不足道的。很多时候值得我们发愁的不应该是那些华而不实的"硬骨头"，而应该是更多来自其他方面的问题。这并不是告诉大家不要去争取这些分数，而是提醒大家明白主次。

（2）考试时的取舍

平时训练时可以尽情地给自己加难度，比如限制时间、限制方法，再比如看到难题也要努力啃下来。但考试的时候目标是拿到更高的分数，那么选择题可以使用排除法，填空题可以半猜半算获得答案，碰到难题也不一定要死磕，或许用省出来的时间检查会更加有收获。如果一道题的难点在于计算和过程分析，那可以试着多投入些时间，耐心攻克一下。但如果难点在于找寻巧妙的思路，那在一番尝试无果后就大可以放弃，安心去做其他的题。

（3）考虑边际效应

饥饿的人吃到的第四个包子远不及第一个包子更美味，想要把分数从 80 分提升到 100 分所要付出的努力远大于从 60 分到 80 分。随着分数的提升，我们需要在一科中投入更多的时间才能获得和之前差不多的效果。提分的最优策略应该是直面弱势学科，在最容易看见收益的地方耕耘。这和我们提到的"品牌意识"似乎有些矛盾，但事实上这两种说法各有道理，关键在于对程度的把握。目标不同的同学需要突破的瓶颈是不一样的，比如有志于凭借高考进入顶尖大学的同学，英语、数学的 140 分是一个迟早要面对的"坎"（不同地区或许有差异）。如果你不愿意上这个线，那其他的科目就要承担更大的压力，最后算起来还是得不偿失。而对于我们绝大多数普普通通、没有哪一个科目算得上是"天资卓越"的同学，终究还是要靠所有学科一起发力才能获得理想的分数。仔细想想，自己所有的学科是否"水平相当"，对轻重缓急的分配是否真的合理。

"提升总分"的策略 ◄ ◄ ◄◄◄▬▬

一直以来，小 C 的语文、英语都属于尚可的范畴，而数学、物理则是一塌糊涂。小 C "提升总分"的方案是这

041

样的：每天抽出时间来背背英语和语文的知识点，但是不过分费心。牺牲一部分相对不重要的作业时间，开始按照板块复习物理题目，从受力分析，到能量与功，再到万有引力与航天，每一个阶段稳扎稳打地复习。选择题的正确率和基础中档大题的得分率在一个月内迅速提升。那之后，他没有选择继续花费时间在物理上，转而投身数学专项学习。这样的决策让他的总分在短时间内快速提升，并为下一轮"分数提升"打好了基础。

----

3. 提前了解高中生活

对于即将升上高中的同学，如果能够提早了解整个高中生活会经历哪些阶段，学到哪些知识，平日里就会更加胸有成竹，眼界也会更加开阔。

高二的同学已经比较熟悉高中学习的内容和途径了，这个时候可以试着了解一下考纲。我本人的高中学习的进程可分为以下几个阶段：

- 高一：适应高中生活，参加课外活动，决定文理科，决定是否参加学习竞赛，为不同学科打下基础。
- 高二：行到中途，介于开始时候的壮志和最后阶段前的紧张之间，大多数人都比较安逸。这个时候基本学完了高中的所有课程。
- 一轮复习：重新拾起高一高二的所有知识，初步整合。
- 二轮复习：分模块提高，重新构建知识体系。

- （不同学校不一样的）三轮、四轮复习：做题，提高应试能力。
- 奔赴高考。

要点提示

- 越早在语文、英语上下功夫越好。
- 考试的时候最重视的应该是总分。
- 日常学习中既不要过于"迎难而上"，让大把的时间打了水漂；也不能轻易用"木桶原理"安慰自己放弃攻克难题，让每一科都"姿色平平"。
- 尽早请教学长或老师，了解整个高中生活的脉络。

四、 谈谈 "刷题"

"刷题"是每一个高中生绕不开的前进过程。我觉得这里的这个 "刷"字远比"做"字要切合、巧妙得多。总有一个时刻,我们需要有意识地、有针对性地完成很多题目,或是为了查漏补缺,或是为了开阔眼界,或是为了保持手感。这一节就来讲"如何有效地刷题"。我们试着从"刷题的目的和优先度""甄选题目""不同类型题目的使用"三个角度来思考。

1. 刷题的目的和优先度

高效的前提是目的性,支撑我们做题的理由绝对不能是"同桌在刷题"。以下是关于刷题的目的和不同目的的优先度的一些看法:

(1) 查漏补缺

这应该作为我们大部分刷题时间的指向标。通过做题发现自己在某个方面的知识漏洞，或者通过做题巩固自己对某个板块的知识、某种题型的理解。查漏补缺的要点在于先把重点知识搞定，再去梳理细枝末节。分清主次是第一位的。与其在一些难题、偏题、怪题上纠结，不如先让自己对于基础题和中档题的掌握达到一个不错的层次。但同时我们不能总是扬长避短，也要敢于直面自己的弱项并迎难而上。克服自己的弱点是我们终将面对的战役。

优先度：总的来说，查漏补缺应该是刷题时最优先要考虑的。

（2）开阔眼界

虽然高中知识的总量不变，但出题人每年总是能想出来新鲜的考查方式。不过我个人认为，这种"旧瓶装新酒"式的创新对我们的创新思维能力要求并不高，反倒是比较考验阅题量和套用经典模型的能力。毕竟，见得多了自然就能够看透各种细节和心思。想要在题海中开阔眼界，就需要多做本年新出炉的题目和历史上出得非常巧妙的题目，或者其他省市高考卷子中能让人触类旁通的题目。

优先度：因为这个目的算是"上层建筑"，所以优先度低于"查漏补缺"，适合学有余力的同学。

（3）保持手感

抱着这种目的的同学大多数是在全力准备考试中。这种情景下我们并不是为了某个"具体的知识点"而刷题的，而是为了熟悉考试时的心理状态，为了提高时间把握能力、取舍能力、心理素质和判断力。所以在态度上不要过于纠结某道题的掌握程度和得失，而是看重总体把握能力和总分，就像是真正的考试一样。这个时候所选的题目也要尽可能贴近真实考试的形式。成套的卷子是最好的，如果时间不足的话也可以单独找自己不擅长的某一个部分练习，比如使用数学小题集等。

优先度：在平时，这种刷题的优先度是最低的。但到了每一次大型考试前的一两天、高考前的两三周，最好优先考虑这种刷题模式，因为它对于提分的帮助是最大的。

2. 甄选题目

市面上的题是做不完的。所以我们有限的时间应该用来做"好题"。我对"好题"的定义是"思路清晰、富有创新性的题目，或者足够经典、答案合理、有解析的题目"。想要有完整的、随用随有的"题库"，我们大概需要准备这些材料：

- 自己所在考区的历年高考题；
- 不是自己考区的，但是符合自己考试大纲的历年高考题；
- 高考先进省市的模拟题，超级中学的模拟题；
- 按照模块详细整理过，印刷质量好，答案解析清楚的习题集；
- 各种比较可信的分类型的"小题""大题"习题集；
- 题目数量非常庞大，题目质量有基本保证的类型题。

3. 不同题目的使用

获得优质的题目之后就要正确地使用题目了。这像是用有限的时间去换取知识，我们要用效率最高的方式完成这笔交易。做买卖讲究"一手交钱，一手交货"，刷题也讲究"学有所成"。我们做的每一道题都应该有它的价值和意义，都应该能让我们学会一些东西。当然，我们在"做不同交易"的时候会遵循不同的原则。

（1）高考真题是难得的宝藏，像珍珠美玉一样珍贵。要尽可能多做自己省份的高考题，最好保证近十年的都做过，近五年的都反复研究过直到接近满分。一定要不停地纵向、横向比较，反复总结，养成贴合于高考的做题思路。切记，高考题成套完成的收益远大于单独练题型。

（2）模拟题是对前一年高考题的模仿和对这一年高考题的预测，更多情况下起补充题量、拓展思路的作用，当然也不排除有"押题"的美好愿望。模拟题本身的质量参差不齐，最好选那些"老字号"的高考强省强校。这种卷子也是成套使用为佳。

（3）模块化的题目是复习阶段集中突破知识盲点时适合使用的。比如刚刚学会了一种方法，就可以找几道相似的题熟悉一下。很多时候找相似的题并不容易，所以最好选一本或者几本题量丰富、分类清晰的习题集。现在网络题库的发展也很迅速，有条件的同学不要错过。无论如何，这种前人整理好的、分模块的题目是很好的资源。这种题目，就是用来一道一道练习和专项提高的。

（4）"小题""大题"集是题型突破的时候所需要的。它的意义就在于把一张卷子拆成了不同的大块分别训练，所以不要辜负这份初衷，自作主张挑三拣四地完成。这种题最好经常抽时间做一些，限时完成。

（5）极其庞大的（不可能做完的）题目。购买习题不必一定做完，在自己有各种需求时可以迅速满足需求就已经"回本不亏"了。庞大题库虽然不能保证每道题的质量都很高，但却是"饥不择食"时的一种补充。相对于前面模块化习题集和"大题""小题"集，这是一种质量对数量的妥协。一般是大规模训练某个题型才会用到。

（6）最后，我推荐大家"一起刷题"。很多时候同学之间的交流和讲解更有助于进步，我也建议大家刷题的进度尽量和老师讲解、复习的进度保持一致。如果能有志同道合的小伙伴和你做同样的习题就更棒了，这样既能互相督促，又能一起讨论，错误和疑惑不会留得太久，思路也不会显得阻塞单一。

从"无脑做生意"到"斤斤计较" ◂ ◂ ◂◂ ▦

因为平日里作业负担很重，小 C 很难有时间自主做题。偶尔有些剩余时间，小 C 会随机找一本练习册，选一个自己喜欢的（或者觉得掌握不好的）板块做一小会儿。后来他意识到这种缺少目的、缺少计划地刷题根本就是在浪费时间。于是他痛下决心，统计了几次考试中自己不擅长的内容，有规划地从高考题和优秀模拟题中找类似的题目练习。有的时候他甚至会放弃一些作业来为更重要的练习争取时间。随着知识漏洞不断被弥补，他又开始腾出更大块的时间来成套完成卷子，锻炼考试的手感。这样下来，每天多了一种能够把握自己时间的踏实感，成绩也得到了迅速的提升。

要点提示

- 明确刷题目的。

- 准备属于自己的题库。

- 根据刷题目的，建立自己的刷题计划。

- 团队合作，和小伙伴比赛做同一份题目。

五、 功效最大化

提升效率就是让自己的每一次行动都功效最大化，就像是熟练的操盘手，每一次出手都要赚得盆满钵满。自己付出的每一分钟都应起到它应有的作用。

1. 明确优先度

需要完成的学习任务是多线程的，这实在是令我们这个只能一心一意干一件事情的脑子捉襟见肘。我们应该怎样确定各种任务的优先度呢？

（1）顺势而为

从学习内容上看，在大方向上跟着老师和学校的学习、复习步伐是最省力也是最合理的，而在某些方向上可以有自己不同于主流的侧重。从任务选择上看，不同时间段需要关注的重点不同。平时要注重限时训练和查漏补缺，考试前要注重心态平稳和手感保持，这个在"谈谈刷题"一节中已有所体现。考试重要性的不同也应该计入考虑范围，那种周周都有的小型考试就不必特殊准备了。

（2）To-Do List

当自己心里面有很多任务待完成而时间又比较仓促的时候，大多数人会感到慌乱而不知所措。我们可以做一个"To-Do List"（待办事项清单），把混乱不明的各种任务具体地写下来。减少使用"复习解析几何小题"这样笼统的字眼，而是具体到可以即刻行动的事件，比如"复习解析几何的笔记和结论，完成10道解析几何小题并且改错，预计用一个半小时"。

大家应该也听说过用"紧急"和"重要"两个维度来确定任务优先度的方式。我们可以效仿它，为不同任务分配轻重缓急，有灵感或者有需求的时候就扩充这个表格，有时间的时候就按自己分配的优先度依次完成。

051

2. 善用资源和工具

（1）善用资源

除了时间之外，注意力和心情也是极其重要的"学习资源"。只有巧妙地分配、使用它们，才能让自己的不同行动都功效最大化。

第一，注意力。

注意力是有额度的。大家一定有过这样的体会：在两个半小时的理综或文综考试中，很难一直全神贯注。我们应该优先把困难学科往前放，在注意力最好的时候完成最难的任务。

在以天为单位的学习中，注意力集中的时间段和持续集中的时间因人而异，也因班级氛围而异，大家可以试着找一下自己注意力最好、头脑最清醒、班级学习气氛最浓厚的时间段，用来攻克难关。而那些昏昏欲睡的时刻，看些有意思的作文素材不也很好吗？

第二，心情。

心情是影响学习效率的重要因素。心情烦躁的时候会学不下去，甚至学到崩溃，心情大好的时候则会事半功倍。心情也可以理解成学习兴趣，在自己学习兴趣最浓的时候去完成最难的任务，就像是好钢用在刀刃上。偶尔心情不好的时候，及时调整，不做复杂的练习，看看阅读材料就当是看小说了，不用太有负罪感，谁还没有情绪低落的时候呢？

（2）善用学习资源

从本质上来说，教师、书本、题目、笔记、同学，这些都是知识来源，他们之间没有太大区别，都可以作为我们的学习资源。不过从效率、可靠性、方便性来说，天差地别，所以要斟酌如何在合适的时机选择合适的资源。后续的"善用工具"一章会更加详细地介绍资源的使用方法，这里主要讲选择资源时的"使用决策"。

第一，教师与题目。

大家或许都有过这样的经历：老师上的课十分无聊或者进度非常慢，自己基本已经掌握了课上的知识。这个时候很多同学会选择放弃听课，自己做题。有的时候，课堂因为知识的传授效率太低而被我们抛弃，这种做法很有可能是合理的。但仍要提醒大家对于放弃听课要保持慎重的态度。因为教师的知识储备量和可靠性都是极高的，即使知识密度低一点，课堂也是很重要的学习选择。

第二，教师与同学。

教师的优点在于高瞻远瞩和权威性，同学的优点在于方便沟通，交流迅速，具有共同的感受，有时还能带来别样的启发。教师的水平参差不齐，同学也是，优秀的学霸同学和优秀的教师都很重要，大家一定要敢于、乐于虚心请教，愿意和别人交流的人收获一定不小。

第三，题目与笔记。

很多人是因为没有系统性的、足够可靠的笔记，才会选择把时间都分给做题。大体上讲，复习笔记更具有针对性和凝练性，而且用时较少。做题则重在实战，起到扩充知识储备的作用。最佳的方式是两者相辅相成。只刷题没有笔记是在"暴殄天物"，只记笔记不刷题则是"画地为牢"。

夜——熬还是不熬

小 A 和小 B 都属于做题比较慢的类型，小 A 一般在晚自习下课的时候勉强完成作业，他常常晚上熬夜，攻克自己不熟悉的知识点，即使这样会让他第二天犯困、学习效率变低。他认为自己权衡利弊做出的选择是合理的。而小 B 就坚决反对熬夜，坚持上课的时候全神贯注听讲。坦白讲，很难说小 A 和小 B 谁的选择对于提升更有帮助一些，因为学习是一件极具个性化的事情。只要是适合自己的学习时间、注意力和心情的方式，都是值得赞扬的。尽管如此，但能不熬夜还是不熬比较好，毕竟身体健康更重要。

要点提示

- 做一个"待办事项清单"，记录任务，明确优先度。
- 合理利用自己精力最集中、情绪最高涨的时间段攻克困难的任务。
- 在不同情境下判断问老师还是问同学，做题还是看笔记。最大化地利用身边的学习资源。

第三章　课堂学习

　　课堂学习是学习生活中异常重要的一环，所占时间多，耗费精力大，但对于大多数同学而言，课堂学习时间实际上并没有被充分利用。本章旨在针对课堂学习提供简明、具体的建议，并辅之以课前预习和课后复习的方法，力求照顾到课堂学习的方方面面。"纸上得来终觉浅，绝知此事要躬行"，希望各位勤加操练，切勿空读此文，纸上谈兵！

一、 预习， 应该这么做

在正式进入"课堂学习"这个话题之前，我们不得不提到"预习"这个老生常谈的问题。几乎在所有的学习方法指导书中，预习是必然要完成的，甚至可以说，没有良好的预习，就没有高效率的课堂。

1. 假期预习

相信大家对于"弯道超车"和"超前学习"这类词并不陌生，而实现这类目标的最好时间，必然是假期。假期当然可以适当放松，释放一个学期积攒的压力，但更应该进行周密的规划，为下学期的学习做准备。

（1）重中之重：远离舒适区，借助强制力

第一，选择一个靠谱的培训班。大多数教育培训机构都有针对下学期内容的先行班。自学的确是一个不错的选择，但是假期实在

太容易腐蚀人的意志，不要过于相信自己可怜的自制力，课堂的约束力着实是有益于学习的。值得强调的是，对于培训班的课程内容，应当将其视为正课对待，散漫应付的话就失去了意义。另外，上多少个培训班应量力而行，尽量不影响完成学校布置的任务。

第二，尽量不在家中学习。家里的诱惑实在太多，手机、电脑就在身旁，让人蠢蠢欲动，家长时不时的嘘寒问暖也会动摇学习的决心。更何况，预习并不是一种强制性的任务，短时期内无人查验，通常造成的结果就是能省则省。所以离开温暖的家吧，前往培训机构或者公共自习室、图书馆等地，这些公共场所的学习氛围更能督促预习行为的进行。

（2）制订假期预习计划的小建议

一定要珍惜自己的时间，对于学习和生活进行合理的规划，对待学习若是有一种"一切尽在掌握"的感觉，成绩一定不会太差。缺乏规划、疲于奔命的学习终究不是长久之计。

第一，量力而行。要对自己的能力有一个相对准确的判断，切勿将目标定得太容易或太艰难，太容易会失去推动力，太艰难则会伤害自信心。

第二，建立在不影响完成假期作业的基础上。预习应建立在上学期的内容已经掌握的基础上，否则学习的连续性得不到保证，基础便难以夯实。

第三，先定一个具体的小目标。目标应该具体可行，以周为单位定一个总目标，再以天为单位对其进行细化，日日坚持完成。贵在坚持，不要贪多。

第四，一定要结合练习。偏文的科目的预习，务在周悉，读懂书后，应适当做一些选择题练手，巩固掌握的知识。偏理的科目的预习，重在操练，先做简单题目，力求对于公式等运用得心应手。

2. 课前预习

（1）课前预习最好是超前学习后的二次预习

在假期，大家可以先对下学期所学内容进行 1～2 章的预习，开学后，则可以在学有余力的情况下，超前学习。这样可以在最短的时间内完成对于次日所学内容的二次预习，节约时间，提高学习效率。如果课前预习是第一次预习，也请认真对待。另外，数理化方面的预习最好做一些简单的题目来检验自己的预习效果，课后所附习题就是一个不错的选择。

（2）以课本为主，结合教辅进行理解

在预习的过程中，如果没有教辅的支持，通常要花费大量时间在机械性的查找上。而且在对课文整体有一定的理解后，很容易产生一些问题，在自己尝试解答之后，带着问题去上课，课后再进一步完善自己的答案，或与老师交流想法，有利于提升思考问题的能力。

（3）依据重要性对预习的顺序进行排序

关于预习时各个科目的重要性，相信大家心里都有排序，我的建议仅是数学可以略微排得靠前一些。但在这里我也想提醒大家，绝对不能对语文和英语的预习掉以轻心，这类偏文的学科的学习，最重要的就是平时功夫，所以请大家务必重视日常的积累。

（4）利用碎片化时间进行预习

如果将所有的预习都安排在一起，其实也是一段不短的时间。

而在平日里，实际上存在着许多碎片化的时间，完全可以利用起来，用于课前预习。等车时、排队时、时间较长的课间等，都是课前预习的好时机。这么做，不仅减缓了由于长时间预习形成的负面情绪，也提高了对于碎片化时间的利用效率，一举两得。

巧用碎片化时间

对于语文预习，小G有自己的一套。他在等车的时候，通读了课文，由于他在假期已经提前预习过这篇课文，所以他看得很快。回家后，他给文章的每一段都加了序号，并且积累了字词。同时，为了做到知人论世，他借助教辅，简单了解了作者的生平和历史背景。对于文章的中心思想，他和教辅中所述有不同的看法，他决定明天下课去和老师讨论这个问题。

要点提示

- 珍惜假期时间，进行超前学习。
- 远离舒适区，避免在家中学习。
- 尽量使得每一次的课前预习都是二次预习。
- 课前预习以书本为主，辅之以教辅。
- 对预习顺序进行规划，按照重要性排序。
- 充分利用碎片化时间进行预习。

二、 心随笔动： 紧跟课堂节奏

"上课认真听讲"几乎是每一位同学都听到耳朵生茧的谆谆教诲，但对于这句话，许多同学实际上还是时常感到力不从心。即便自我感觉全身心投入"听讲"，仍然难以紧跟课堂节奏，打造高效率的课堂。本节将针对如何高效率利用课堂时间提出一些建议，以便大家参考与实践。

1. 课前及课外准备

高效率利用课堂时间的基础是课前全方位的准备。假如上课是一次远航，那么课前准备则相当于填装食物和淡水、检查机械设备状况、加油等必须完成的预备任务。在一定程度上，课前准备对于课堂效率起着决定性的作用。课上许多时间的浪费和注意力的涣散，在做了充分课前准备的情况下都可以得到避免。

（1）知识准备

没有充分的预习，就没有高效的课堂。当人面对陌生的事物时，常常容易慌张，以至于自乱阵脚。同样的，在老师高速输出知识的课堂上，若总是面对崭新的内容，也许只是捡起一支笔的时间，就足够让你不知老师所言为何物了。

（2）工具准备

第一，书本。在上课之前就应该将与课程相关的书籍、本子等置于桌上。除了必备的教材以外，还有课内配套的练习、课外购买的教辅和笔记本等。若是语文、英语课有需求，还可以准备一个小词典（根据课堂内容准备，例如上文言文讲读课时，可准备《古代汉语常用字字典》），允许使用手机的学校，可用电子词典替代之，减轻书包和书桌的压力。

第二，文具。铅笔（若是自动笔，一定要记得带笔芯）、黑色签字笔（最好准备两支）、橡皮和套尺（直尺、三角板和量角器）是必不可少的。记得一定要带草稿纸，免去了课堂上四处询问，只为借一张稿纸的尴尬。计算器、圆规等可以按照各地不同的考试要求决定课堂上是否使用，但是不建议使用计算器。此外，依照个人做笔记的习惯，可以准备其他一些工具。

（3）其他准备

第一，干净整洁的桌面。一个干净整洁的桌面不仅可以提升在课堂上找东西的效率，也可以帮助自己集中精力，避免注意力被外物分散。事实上，干净整洁的桌面一定程度上有利于保持较优的情绪状态，帮助建立积极的心理暗示。

第二，课间必要的放松。心灵的休息必然建立在身体休息的基础上。课间不妨去走廊上走走，眺望远处的风景，给予在课上疯狂运作的大脑以喘息的时间，也给疲惫的心灵透透气。同时课间可以换换思路，为下一节课的内容做准备。

第三，科学合理的作息。网上曾有一句段子："每一个走进教室的老师，在我眼里，都是一颗巨大的安眠药。"其实在课上犯困，除了心理因素之外，也是睡眠时间不够的结果。建议养成早睡早起的习惯，如果下午经常犯困，可以逐渐培养午睡的习惯。

2. 在课堂上保持专注的技巧

课堂是平日磨练自己的大好机会，但是许多同学却没有善待这些时间，或是昏昏欲睡，或是注意力不集中，到了考试前只得万分悔恨。与其"悔不当初"，不如"把握当下"。在课堂上，最关键的是专注，能够长时间集中注意力是一种强大的能力，除了先天的韧性，也需要后天的学习和培养。

（1）做笔记

父母辈的人总喜欢教导我们"好记性不如烂笔头"，话糙理不糙。通常，用笔记下的内容才是你最终掌握的部分。做笔记的好处千千万，一是有利于巩固和加深课前预习所得的知识，二是有利于课后复习和知识体系的建立，三是最关键的一点——记笔记可以大大提升听课的专注度。而在笔记之外，也可以记下一些疑惑，课下与老师探讨。

（2）建立和老师的互动

大多数老师是喜欢在课堂上与学生有所互动的，所以大家完全可以在老师提出观点时表示赞同，或是提出自己的见解和疑问，甚至只是短暂的眼神交流，这些行为都可以建立和老师之间的互动。这种互动可以给予自己一种积极参与课堂的投入感，帮助注意力的集中，有来有往的信息互换，也更利于知识的吸收和消化。

（3）学会拒绝干扰源

干扰源分为人和物。关于人，可以给周围想和你进行对话的同学一个眼神，或是用其他方式礼貌地阻止他/她继续这个话题。亦可以达成默契，一些好玩的事先记下来，课后再分享，免得在一通欢笑过后却发现错过了好几个重难点。关于物，基本上所有人都可以找出些小玩意儿用于把玩，就算是必备的文具，想玩的时候连转笔都变得很有意思。所以，针对自己的小习惯，尽量通过"眼不见心不烦"的方式，戒除在课上做其他事的欲望。

（4）保持清醒的头脑

在睡眠不充足的时候，犯困确实难以避免。困意袭来，几乎没有几个人可以抵挡。而正如前文所言，建立一个科学合理的作息才能从根本上解决问题。在课上犯困，依我个人的经验，有以下几个方法可以尝试：大量饮水、闻薄荷类吸入剂、涂风油精和课前适量摄入咖啡等。要是实在坚持不住，可以选择小憩 5~10 分钟。

保持清醒 ◀ ◀ ◀◀◀

历史课堂上，小 G 正在认真听讲。他最近早睡早起，睡眠质量很高，所以精神抖擞。他听讲认真，而且眼神一直追随着老师，时不时还和老师互动，注意力十分集中。

当他在做笔记的时候，同桌想和他讲一件有趣的事，他礼貌地制止了他，在下课后他又找到同桌，一起分享了那件有趣的事。

要点提示

- 课前做好知识和工具的准备。
- 干净的桌面、课间的放松和科学的作息可以帮助提升课堂效率。
- 课堂上通过做笔记、建立和老师的互动和拒绝干扰源的方式提高专注度。

065

三、 笔记记法： 技在字里行间

记笔记是一门学问。好的笔记可以提高学习效率，减轻复习压力和构建知识体系，是日常学习中的好帮手。虽然这件事贯穿了我们整个学生时代，但是许多人只是知其然，而不知其所以然。实际上，做笔记也是一门学问，本节将针对笔记的记法提出一些切实可行的建议。

1. 工具准备

大家记笔记时所使用的工具可能有所不同，每个人大概都有一些自己的小癖好，所以以下内容仅是一些常规准备之外的建议，仅供参考。

(1) 活页纸

活页纸的轻便和灵活远胜于普通的笔记本。它便于携带，减轻了书包的负担，同时，也比较便于对课堂上零碎知识的补充和整合，方便在课后将相关的知识点、相似的题型整理到一起。

活页好帮手

进入高三冲刺复习阶段的小 G 喜欢用活页纸整理笔记。他将不同的题型写在不同的活页纸上，如果下一次做题犯了相似的错误，他就将题目记录到同一页纸上，若不够写，则再加一页。这样，相似的题目都集中在一起，大大减少了复习的时候翻阅、查找和回忆的时间。

（2）红、蓝、黑的笔

记笔记切忌一支黑笔写到底，也不必色彩斑斓，令人找不到重点，三色足以。红笔用于记录重点，蓝笔用于记录难点，其余部分则使用黑笔。红、蓝不应该成为笔记中的主色，只需要作为醒目的标注即可，整句、整段的使用反而失去了其突出要点的作用。

（3）铅笔（橡皮）

在听课过程中，总有一些不知道应不应该记录下来的老师的只言片语。在整理笔记的过程中，也会偶然产生一些疑问和新想法。这些内容都不妨用铅笔写在一旁，等到确定之后，若是留下，用水笔抄正；若不需要，擦掉即可。

2. 课堂初稿

课堂是笔记初稿诞生的场所。但课堂时间紧张，既要听课，又要记笔记，二者通常不可得兼。我的建议是：多听少记。听课永远是摆在第一位的，笔记的字则可以相对潦草，也可以进行各色各样的涂改等（前提是课后可以辨认、整理），绝对不能因为记笔记而误了听课。

（1）抓住重点

在讲述重点的时候，老师总会表现出"这是重点，要好好听"的姿态，这时候就应该竖起耳朵，加倍认真地听讲，听懂之后奋笔疾书，争取在记笔记的过程中记下、弄懂这个重点。对于重点，尽量可以全部记下，而其他的内容，则可以只记下关键词，课后依照记忆进行复原。

（2）记录框架

框架是整个笔记的重中之重。没有好的框架，笔记通常难以发挥出最大的效力。所以当时间来不及的时候，可以仅记录下大框架，在老师讲课过程中慢慢体悟和补全，甚至可以在课下再进行细枝末节的补充和修改，但是一定不能断了主轴。

（3）不要追求完美

记住这仅仅只是初稿，目的是帮助课后整理笔记时复原课堂情形，而不是以后要反复翻看的成稿。不用在是否美观上过分纠结，也不用担心是否有过多内容没有记下。专心听课，记录重点和框架，课后补充整理即可。事实上，记下老师说的每一句话也有许多弊端，最明显的一点就是，内容太多的笔记会让你直接失去复习的欲望。

3. 课后再稿

仅仅依靠课上记录和课下短时间内的补充修改写成的初稿，完全不足以完成笔记存在的使命——帮助复习和建立知识体系。课后再次整理笔记，梳理一节课的思路，实际上是一种很好的及时复习的方法，不知不觉间也在培养构建知识体系的能力。再加工写成的笔记，思路清晰、内容完整，也有利于日后的备考。关于如何在做笔记的过程中实现复习和知识体系的构建，将在本章第四、五节中详细讲述，在此仅针对整理笔记本身给出一些经验之谈。

（1）字体工整、排版合理

笔记里的字不求写得笔走龙蛇，但求字体工整，大小统一，安稳地处在一条水平线上。排版也应该科学合理，尤其是注意空行的作用，一是用于知识点之间的分割，二是用于避免因行间距太小，影响阅读。一份清晰的笔记的前提是清楚的版面，如果再稿也像初稿般随便，再稿的意义便大打折扣。

（2）思路清晰、一以贯之

在初稿中重点记录的大框架一定要保留，作为支撑知识点的骨架，之后再将知识点嵌入其中。这里有几个需要提醒的注意事项：

第一，提前画出重点、难点。如前文所述，重点应用红字表示，难点用蓝字表示。在下笔之前，就应在初稿上做出标记，方便再稿时的整理和复习。有时候一句话内只有一两个字、词是重点，也应标出。

第二，图文并茂。在理科笔记的整理中，经常会出现图示，这些图示也是相当重要的知识点，一定要记录其中。如果嫌有些图画起来太麻烦，若是不重要的书籍可直接剪裁下来，粘贴在笔记上，若是教材等重要书籍，则可复印后剪裁、粘贴，这取决于个人的习惯。

（3）其他方法

第一，善用思维导图。思维导图是一种非常优秀的整理笔记的方式。无论是手画"树状图"，还是利用各种应用程序，都可以帮助我们完成思路的整理。值得注意的是，思维导图最好在纯文字笔记定稿后再制作，选择一个或几个关键词代表一个句子，而不是再将原文抄录一遍，浪费时间。

第二，不要盲从"科学"笔记记法。笔记最关键的还是对于课堂场景的还原和知识点的记录，盲目追求所谓高效记法，例如康奈尔笔记法，如果运用不熟练，实际上只会事倍功半。记笔记的关键还是在于知识点完整、结构清晰和突出重点。

要点提示

- 工具准备：活页纸、三色水性笔、铅笔（橡皮）。
- 课堂初稿力求抓住重点，记录框架。
- 课后再稿重在知识点完整、结构清晰和突出重点。

四、及时复习：今日事今日毕

复习是一个经常和"突击""临时抱佛脚"等考前词汇挂钩的问题。但是，复习实际上是日常学习中不可缺少的有机组成部分，如果没有每天及时的复习作为基础，不仅当天做作业的效率会受到影响，更有甚者，每一次考试前的"复习"仿佛都是"预习"。本节将针对日常的复习提出一些切实可行的建议。

1. 复习的时间安排

复习的时机、复习各科的顺序和复习的时间长短都有讲究。复习不能被过分简单化，只是盲目地、无规划地翻书和看笔记，也不应该占用过多的时间，影响作业的完成和对于明日内容的预习。复习应该是在合理安排下的对于知识的回顾，是高效完成作业的保证和各科学习之间的缓冲。

（1）完成本科作业之前复习

务必复习完所有今日所学再完成作业。没有复习就猛地切入作业是一种非常低效的行为。没有复习，对于知识的掌握不够熟练，结果在完成作业的过程中遇到疑难，不得不屡屡停下，反复翻看书本、笔记。这样不仅降低了写作业的效率，也破坏了知识之间的联系，不利于知识体系的建立。

（2）先复习较难课目

一定不要有畏难心理，应该先复习对自己而言相对较难的科目。一是在复习初期，精力较为旺盛，而通常来说，较难科目一般都是自己的较弱科目，以最好的状态应对，可以提高复习效率。二是在复习初期攻克了自己的"苦项"，是一种积极的心理暗示，"这么难的问题我都搞懂了，其他的算什么"，这种心态有利于激发继续复习、完成作业的热情。

（3）每科复习时间不宜过长

复习是一个个性化明显的学习环节，课堂利用效率的高低，最直接的反映就是复习时间的长短。如果对今日内容掌握不够熟练，可以适当延长复习时间，但千万不要让复习"喧宾夺主"，变成一整个晚上都在复习，而没有进行实际的练习。想要达到高效复习的境界，真正的关键在于对课堂时间的高效利用，而不能将所有的事都拖到晚上。

2. 复习的具体方法

日常的复习看似简单，其实也有许多门道。外行人可能只是轻轻扫几眼，囫囵吞枣地看完就算是复习过了，而内行人则可以把握住复习的诀窍，在一次次复习中夯实基础，砥砺自我。天道酬勤，复习绝非一日之功，依靠的是一日复一日看似机械的重复和坚持。以下是一些复习的具体方法和建议。

（1）翻课本

课本是一切知识的本源。复习时如果省去翻课本、读课本这个步骤，实际上是一种忽视基础的行为，复习的效果也将大打折扣。翻课本应该是"走马观花"和"下马观花"相结合的过程，既要对知识的全局有所把握，也要挑选课上标注的重点，有选择性地看。另外，在翻课本的过程中，也要对知识的框架、前后联系等有所注意，不能割裂地看待知识。

（2）整理笔记

整理笔记的主要目的在于复原课堂。复原课堂不意味着必须回想起老师说的一字一句，而是在整理笔记的过程中回忆课堂的流程和内容，借以梳理思路、巩固知识，之后再对这一天的所学做个总结。在日常学习的过程中，如果时间充裕，可以对于笔记进行"再稿"（参见本章第三节），若时间有限，可以仅对初稿进行增订、完善，将"再稿"留到周末进行。

（3）分析例题

学习知识非常看重"举一反三"的能力，而课堂上的例题正是这个"一"。课上给出的例题，通常都是经过时间反复打磨得出的经典题目，包含了这个知识点的精华，许多引申知识和常见套路都由此出发。因而在复习的过程中，一定要注重对于例题的分析和把握，不可轻视甚至是忽视。值得一提的是，在练习中都会有与例题相似的题目，分析例题也是一种提高做作业效率的方式。

有效复习 ◄ ◄ ◄◄ ▓▬

到了学习时间，小 G 做的第一件事，便是复习了对他来说难度较大的数学。他今天上课听得比较认真，复习起来并不吃力。首先，他通读了一遍课本，重点研究了自己做记号的部分。之后，他补充了自己的笔记，并结合课本又巩固了一遍知识点，确保自己对所学知识有了基本的掌握。最后，他重新做了老师课上给的例题，同时分析了题目的问法和所用的方法，受益颇多。

（4）多次复习

对于"艾宾浩斯遗忘曲线"，想必各位都不陌生，我个人以为，虽然这个"曲线"有其科学性，但是在实际的操作过程中难度太大（对着日历、掐着日子复习），这对于记忆力和自律性的要求太高，很难得到有效的落实。与其这般，不如回归本真，进行最简单的多次复习。下面是关于多次复习的时机及相应复习方法的建议。

第二次复习可以安排在作业批改完下发的那个晚上。对新鲜出炉的错题进行反思，找出自己的缺漏，在这个过程中，可以有针对性地对自己知识的薄弱环节进行重点复习。同时，可以针对这个知识点，多刷一些题来练习与巩固。

第三次复习可以安排在最近的周末。周末的时间较为充裕，可以进行一些"大工程"，如"再稿"、画本章知识点的思维导图或是地毯式的再次复习等，都是不错的选择。周末的复习最好可以一章一章地进行，如果课程内容未结束，可以提前预习，大概理清关系。

而在这之后的复习，我的建议是：以后再偶遇这个知识点的时候，再去复习一遍，有情境的复习是复习的最优方式，不用生硬地遵循"曲线"，劳心费神，意义也不大。

要点提示

- 课后先复习再完成作业。
- 可以选择先复习较难科目。
- 复习时间不应过长。
- 先看书，再看笔记，之后分析例题。
- 二次复习重在查缺补漏。
- 三次复习重在总结体系。

五、 建立体系： 巧用思维导图

知识体系，一个玄而又玄的名词，仿佛只存在于学霸的世界。其实，每个人都可以建立属于自己的知识体系，关键是要找对适合自己的方法，并且长久地坚持下去。本节将针对如何利用"思维导图"建立知识体系给出一些建议，由于本节内容个性化较强，大家可以根据自己的实际情况进行调整。

1. 事前准备

俗话说"磨刀不误砍柴工"，像建立知识体系这样"浩大"的工程，事前的准备自然必不可少。这些准备就像知识体系这幢"摩天大楼"的地基，如果地基不稳，大楼随时都有可能倒塌。为了避免自己的知识体系成为"豆腐渣工程"，请大家注意这些必要的准备工作。

（1）知识准备

复习一定要到位。争取做到"课本为纲，笔记为辅"，对基础知识先进行一次深入的学习和理解，注重对于知识思路的梳理。尤其是文科的学习，最好把书上的重要内容结合课本先背一遍，再进行知识框架的搭建。在这个过程中，一定要注意课本上每章、每节、每目等标题分级的限定范围，像政治这种条理性极强的学科，最好连章、节、目等标题分级的名称一并背下。

（2）工具准备

实际上，制作思维导图并不需要什么复杂的工具，和本章第三节所说的复习时所要准备的工具类似，唯一值得注意的是，建议使用空白的活页纸，没有横线的束缚，更利于思维的发散。

另外，用应用程序制作思维导图也不失为一个好方法，比起使用手机，更建议使用电脑进行制作。利用电子工具不仅易于修改，也方便整理分类，但前提是有足够的自律性和较高的打字速度。而且相对于打字，手写更能加深印象，因而我个人更偏向于通过手写制作思维导图。

2. 实际操作

建立知识体系是一个相对复杂的工程，不可能一蹴而就，所以必须要将这个工程细化成一个又一个步骤，逐一完成。这是一个"烧脑"的过程，一开始可能不太习惯，做一会儿便"脑力不支"是正常现象。但在不断操练的过程中则会越发娴熟，甚至能逐渐成为对待知识时下意识的习惯，不用纸笔都可在脑内自发构建知识体系，这就是达到较高境界了。

（1）设计大纲

前文所提及的"课本为纲，笔记为辅"主要针对这一块。课本通常拥有严谨的逻辑体系和提纲挈领的内容叙述，而笔记则主线分明、重点突出，同时收集了一些课本之外老师补充的内容。二者相辅相成才能发挥出最大的作用。我的建议是：先根据课本定出大纲，必须保留课本上原本的分级，并写出课本上的题名，再结合笔记进行细节上的调整和修正，不可偏废。此时大纲应该是写在纸上的草稿，并未正式开始绘制思维导图。

（2）根据大纲制作思维导图

思维导图实际上长得很像概率统计中的"树状图"，大纲就是这棵"树"的主干，从最高一级的题名出发，根据大纲的具体情况逐级细化、延伸。建议排版的时候注意留白，给接下来的"增补具体内容"和"日后完善"提供一定的空间。

（3）增补具体内容

增补具体内容主要针对思维导图中的最后一级。在这个过程中，本章第三节所说的"再稿"就发挥了很大的作用。"再稿"完全可以承担为大纲增补内容的任务，当然，有不确定的问题的时候，一定要回归课本进行核对。值得注意的是，增补内容绝对不是将"再稿"上的内容原文照搬，否则只是浪费时间。最好能提取关键词，将一个个关键词有逻辑地列在思维导图中，日后依照思维导图复习，根据关键词来复原整个句子。

（4）日后完善

制作思维导图是一个漫长的过程，绝对不是一次画完便万事大吉了，它更需要长时间的打磨和修正。无论是大体构架、关键字提取或是内容的增添等，都有待在学习和做题的实践中不断完善。所以一定要保存好思维导图，而且在制作的过程中留够空间，为日后完善做准备。

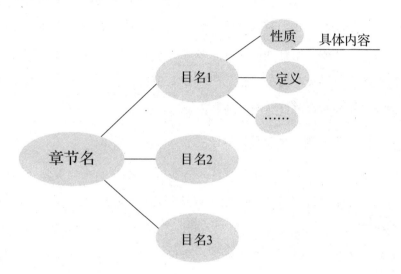

3. 使用方法

虽然在制作思维导图的过程中，我们已经初步完成了对于知识体系的梳理和架构，但最终目的还是用它来支撑日后更多的学习。关于思维导图，还有一些具体的使用方法，供大家参考。

（1）背诵思维导图

对基础知识足够熟悉才能在考试中无往不利，背诵思维导图就是一个很好的方法。这样在考试的过程中，大家就能很容易地知道考试内容具体是书上的哪一章、哪一节，提升做题的准确度。尤其是文科的学习，批卷通常按照关键字给分，思维导图中列出的词都是句子中的"精华"，在根据词还原句子的过程中，也就无形地强调了重点所在，避免无谓失分。

（2）定期默写思维导图

这里的"默写"并不是要求大家把思维导图原封不动地重写一遍，而是默写出我们在大纲中列出的主干，具体的内容则通过默写精简语句，或是用背诵的方式来检验。一旦卡壳，先不要忙着去核验具体内容，只要做个标记，继续默写下去，默写完了再回头一一核验。在考前也可以通过这种方式来复习。

（3）不要盲目依赖思维导图

制作思维导图，构建知识体系，实际上是一个"把书读薄"的过程，方便我们对于全书的把握和理解。但是到了最后，仅仅看"精华"是远远不够的，还是要回归课本，努力"把书读厚"，进行地毯式的搜查。而由于有了知识体系的支撑，遗漏的通常只是一些非常细微的点，分门别类的记下，录入脑中的"思维宫殿"即可。

> **要点提示**
>
> - 进行与复习类似的知识、工具准备。
> - 制作过程中，先设计大纲，再画思维导图并增补内容，日后修改。
> - 使用过程中，可以背诵、默写思维导图，但不能盲目依赖思维导图。

第四章　工具善用

　　子曰："工欲善其事，必先利其器。"在学习中，工具的正确利用也是至关重要的。茫茫学海，狂风骤雨，希望大家不是驾一叶扁舟去面对惊涛骇浪，而是能乘着属于自己的巨轮，平稳地驶向成功的彼岸。本章将为大家全方位地讲述各种学习工具的正确使用方法，大家熟练掌握以后便能够有备无患，应对自如。

一、课本："根本大法" 不能忘

文科生一定对"根本大法"这个词很熟悉，国家的根本大法就是宪法，而在中学学习中，我们的"根本大法"就是课本。考试内容不会超过考纲，而考纲则是在课本当中划定的。高考命题时，出题的专家组也是每人一套课本，根据课本来命制考卷，不会携带其他任何资料，因此说课本是"根本大法"毫不过分。

1. 课前预习主心骨

课本作为我们的"根本大法"，在预习阶段可是立了汗马功劳的。我们在预习时千万不要跳过课本，只看五花八门的辅导书，否则很容易事倍功半。

（1）从目录看起

教材是纲领，而教材的目录便是纲领的纲领。在新课本刚发下来时，最好先熟悉目录，然后翻阅全书，对整本书有一个宏观的了解，对全书的知识框架、脉络了然于心，如此才能较高效率地利用课本。

（2）不要盲目贪快

在预习新课时，一定要注重质量而不能一味地贪图速度，千万不要出现"半个小时预习了四五节课内容"的情况。可以根据老师的要求进行预习，如果没有要求，一般提前预习一到两节课的内容为宜。

（3）要有所记录

预习课本也绝不是简单地浏览一下书上的内容就万事大吉了，一定要在课本上记下自己的"思维轨迹"，也就是标出自己的收获与想法，可以尝试自己划重点、难点，然后在老师讲完后再与老师的重难点对照，反复训练，这样你的学习能力一定会迅速提高。可以写下自己预习的收获、新学到的知识或技巧，鞭策自己每次预习都认真对待；也可以记下自己预习时百思不得其解的疑惑，在课上或课后去向老师寻找答案。

2. 课上听讲少不了

课本作为我们的"根本大法"，必然是课堂上的主角，上课不拿课本，就只能等着挨老师批评了，但是谈到课上对课本的利用，可并非大家想象的那么简单。首先，要在预习的基础上利用课本，不然很难跟上老师上课的节奏。当有了充分的预习后，上课就可以按照预习时划的重难点有计划、有目的地听讲，对有疑问的地方更要重点听讲，勤做笔记，一节课结束一定会收获满满。老师讲课时，在课本上找到相应位置做笔记还有集中注意力、防止上课跑神的功效。

课本为王

　　小 K 是一名基础比较薄弱的高中生，起初为了提高学习成绩，她自己买了很多学习资料，每当上课时就把资料摊在桌子上，整节课翻个不停，看似很勤奋，但是成绩始终不见起色。老师见状告诉小 K，让她在课上暂时只看课本和老师要求的辅导书，并且将老师教授的知识点和注意事项都记在书本相应的内容旁。一个学期下来，小 K 的课本上密密麻麻全都是自己亲手记的笔记，而且排版整齐，内容详细，心中充满了成就感，自己的学习成绩也在不知不觉中稳步提高。

3. 课后复习好帮手

（1）课本是文史类复习的主角

课后复习时各种复习资料和习题集固然重要，但课本也必不可缺。一般在每节课结束后，都要再温习一遍课本上的内容，做到"温故而知新"。对一些需要记忆的学科，更是要把课本上的内容烂熟于心，这仅凭课上的短暂时间是远远不行的。对于这些科目的课本，就要分阶段复习，每节课后都要把刚学过的内容复习一遍，学完一章后再进行阶段性的复习，最后等整本书学完了，再完整地复习几遍，这样才能将课本上的内容牢记于心。

（2）课本是数理类复习的帮手

对于一些记忆要求不那么高的学科来说，课本在复习时也很重要，比如数学，每当复习时发现有哪个知识点还没有掌握牢固，就可以翻开课本，从定理到证明再到例题过一遍，往往就能加深对相应知识点的理解，比做几道本类型的题目更能起到釜底抽薪的效果。

要点提示

- 先宏观浏览课本，再详细做适度预习。
- 预习时在课本上标出重点、难点、疑点和自己的收获。
- 课上资料不宜多，课堂笔记要勤记。
- 记忆性学科分阶段复习课本，非记忆性学科复习时要返璞归真。

二、辅导书：寻找我的"私人导师"

中学学习，单凭几本简单的教材是远远不够的，各科都应该有相应的辅导资料。拥有好的教辅资料，就像有了一位优秀的"私人导师"，有时你甚至会发现，有了辅导书不用等到上课，很多课程都能够"自学成材"。本节就让我们看看如何与这位"私人导师"交流吧！

1. 弱水三千只取一瓢

市场上的辅导书种类繁多，质量也参差不齐，因此挑选起来的确是个技术活。这时就要求同学们擦亮自己的眼睛，找出适合自己的那本书。辅导资料宜精不宜多，下面列举一些选择辅导书的方法。

（1）与教材配套者优先

优先选择与自己的教材配套的辅导书，这样用起来会更加得心应手，能够与教材相辅相成，不至于出现纰漏或与教材相抵牾的地方。

（2）根据自己的具体情况来挑选

如果你觉得自己常常学有余力，就可以选稍微拔高一些的辅导书；如果平时就感到力不从心，就可以选那些注重基础的辅导书。如果平时自习时间比较充裕，或者某科想要着重提高，可以酌情买本厚的、讲得比较细致的教辅；如果时间紧张，选薄一些的就好，只要知识讲清楚了，书其实越薄越好。

（3）听取他人的建议

如果自己拿不定主意，最好直接去咨询该科老师，请老师推荐几本适合的资料，也可以和同学交流一下，或者咨询往届比较有经验的学长学姐，以便选择自己最钟意的辅导书。

2. 辅导书的使用方法

（1）与课本结合效果更佳

好的辅导书固然犹如一位良师，但千万不能有了"导师"就忘了"纲领"。优秀的辅导书一定会注意与课本的对应关系，不会将课本上的内容照搬下来，而是比课本高一个台阶，因此两者要恰当结合才能发挥出最大效果。

（2）辅导书上的题目一定要过一遍

拿数学来说，一般教材上会配几道本节课的练习题，而辅导书上往往也会有几道比较基础的练习题，有些同学感觉这些基础的题目都是千篇一律、小菜一碟，然后只做教材上的，把辅导书上的题目直接略过。要知道，虽然辅导书上的练习题难度往往没有习题集中的大，但是这些题基本都是课本例题或课后题的变体，能够最有效地加深大家对本节知识点的理解，检验大家是否真正掌握了本节要点。一定要珍惜重视这些简单而经典的题目，毕竟这些题目数量有限，是精华中的精华。

（3）切莫贪多求快

俗话说"慢工出细活"，学习也是一样，能一目十行的天才凤毛麟角，绝大多数人还是要踏踏实实，慢慢积淀。因此当你有了这位"私人导师"，千万不要急于把它的知识全部压榨出来，而要循序渐进，厚积薄发。

切勿操之过急

　　小 J 因为做什么事都急躁，被同学们称作"急性子"，初中时他学习不错，每学期都提前一个月就把要学的内容学完了，但到高中后他发现自己的成绩渐渐下滑，很苦恼却不知如何是好。相反，他的同桌小 Y 本来成绩平平，但是上高中后成绩却稳中见进，小 Y 看到苦恼的小 J 向他解释道："高中的知识比初中深很多，不是简单看一遍辅导书就能完全解决的，需要反复练习。你看似学得快，实际上辅导书上的知识点都没有完全记牢，又匆匆去看下一节的内容，这样虽然涉猎广泛，却很容易记混。"小 J 听了之后恍然大悟，原来自己太急功近利，没有跟着老师的节奏走，辅导书也看得马马虎虎。后来，小 J 将辅导书上的内容都认真地琢磨，每道典型例题也都不放过，慢慢地他又名列前茅了。

要点提示

- 辅导书宜精不宜多，最好根据个人情况结合老师推荐选取。
- 运用辅导书要戒骄戒躁，节奏尽量与课程保持一致。
- 辅导书上的经典例题和练习题不要放过。
- 辅导书与课本是相辅相成的，两者不能偏废。

三、 习题集： 做个有思想的刷题者

　　题海战术在"初三党"和"高三党"中流传甚广，不得不说做题的确对提高成绩有很大帮助，许多不熟悉的知识都是在做题中理解并熟练掌握的，题做多了也自然能培养出"题感"。但是，把大把的时间都花费在刷题上真的有必要吗？为什么有的同学题目刷到一定数量后成绩就徘徊不前了呢？题海茫茫，感觉自己根本没有刷题的信心又该如何是好？让我们一起看看习题集的正确打开方式。

1. 分阶段刷题

（1） 第一阶段——重视基础题

　　一部分同学在刷题时往往忽略基础题，只偏爱拔高题或者是与中高考题型相符的习题。在临考复习时，多做与考题相符的题目大有裨益，但是在第一阶段，也就是平时学习中，还是要把基础夯实，不能好高骛远。下面简单以语文和英语为例，介绍一下基础题的作用。

第一，语文基础题。语文的注音题、组词题和缩扩句等，都是语文学习中的基本功，看似并不是高考的考试题型，但绝不是说这些内容就没有价值。语文考试就是考察语文素养的积累，只不过是换种形式罢了，基础扎实一定对考试成绩有很重要的作用。

第二，英语基础题。从高考来看，相对英语阅读来说，仅仅写作文或许并不需要掌握太多单词短语，但是平时决不能因此荒废了那些单词背写、词组辨析等题目，虽然考试不直接考，但都融入在整张试卷之中。

（2）第二阶段——有目的有选择地刷题

市场上出版的习题集不计其数，想要靠题海来侥幸碰到原题基本不可能，事实上，真正的学霸绝不会盲目地刷题，在复习时，也就是第二阶段，他们一定会做到有的放矢。

失败的刷题策略 ◀ ◀ ◀◀━━

　　下周就要考试了，小 W 还是从来都不会做数学的压轴题，他一道又一道地自找打击后灰溜溜地抄上答案。某类圆锥曲线题他已经熟练掌握方法了，但是自测时出现了计算错误，他便认为自己这部分仍欠缺。另外，他还花了很多时间练习复数、向量、概率等题目，因为结果全部正确而让他感到满满的自豪。

上述案例中的小 W 看似考前忙忙碌碌，但相信大家已经看出其中的问题了——小 W 花了很多时间在"刷"不适合的题上。

第一，本来就完全不会的题。这类题无论怎么刷都只会打击信心，最好是先通过辅导资料或者问老师、同学，弄懂知识点之后再加强练习。此外，如果临近最后的中考或高考，刷这类题更是收效甚微，不妨适当放弃，有舍才有得。

第二，方法已熟练掌握的题。大家可能已经对这类题的"套路"了如指掌，却因为一次计算错误造成自己认为这方面还有待加强的错觉。这类题目对大家的提分点不多，因此可以把时间用在刷自己不熟练的题目上。

第三，简单的送分题。大家做了一堆题目发现都正确后，绝不应高兴（除非你真的是什么题都难不倒的学霸），因为这往往意味着那份习题集不适合你，难度太低，这种人人都会的送分题少量训练，用以保持手感、增强自信还是可取的，但切莫投入太多。尤其在最后复习补差时，那样做只能是平白地浪费时间。

第四，超纲的题。这些题目在平时可以尝试做一些用来活跃思维，但刷题时就不必再做了。一来可能打击信心，二来它本就是不必要的投入。

除去这些不适合"刷"的题后，剩下的便是那些真正需要大家下功夫去做的习题了，而这些题才是最大的提分点。

2. 做题时的一些建议

（1）做题时不要翻看答案

有些同学虽然不直接抄答案，却习惯在做题时经常翻看参考答案，做几步就对一下答案，生怕自己做错了。这样不仅会降低做题效率，还会限制解题思维，减弱对题目的印象，往往会导致出现做过的题到了考试的时候还是不会做的现象。最好是做完一部分题再一起对答案。

（2）不要刻意钻研一道题目

有些同学喜欢钻研，在做题时一定要把题目做出来才能罢休，这是一种很好的态度。但是，在考试中老师常常告诫同学们不要在一道题上花费太多的时间，在习题练习中实际也是。因为有些题目可能本身有问题，或者是自己本来某个定理完全不了解导致无法解题，这种情况下与题目僵持只会白白浪费时间。钻研的精神本无可非议，只是在时间有限的情况下，要进行效率最大化的刷题，便不得不有所取舍。

（3）不要依赖惯性思维

题目做得多了，题感慢慢也就来了，但是稍不注意，惯性思维也就渐渐形成了。有时题目中某个表述稍有不同，整个题目的思路就完全变了，因此做题多了思维也一定不能僵化，要时时刻刻保持活跃，其最好的办法就是做每道题目时都能仔细分析，而且不要大量做类型和解题步骤完全相同的题目。

要点提示
- 在平时学习时注意基础题的积累。
- 在复习时注意选择那些值得刷的题去做。
- 先把题目做完再统一对答案。
- 刷题效率最大化，不要在某道题上浪费太多时间。
- 保持思维的活跃性，拒绝依赖惯性思维。

四、错题本：快速提分 "杀手锏"

子曰："温故而知新，可以为师矣。"在学习中的"故"不仅仅是单纯地复习课本，最重要的是补错题。当做错一道题后，千万不要觉得浏览一下参考答案或是听老师讲个大概思路就万事大吉，一定要亲自再做一遍，这样才能留下深刻的印象。对于那些典型的错题，最好纠正在错题本上，以便日后翻阅，防止在同一个地方摔倒两次。

1. 各科都要有错题本

很多同学可能认为数理化等科目有错题本就够了，语文和英语纠错完全是多此一举，也不知道该纠些什么。实际上，每一科，只要有错题，都应该建立错题本。

(1) 数理纠错，抄题有学问

在数学纠错时，大家最好还是抄题之后自己做。理化生等科目的错题有时题目过长，加上图表较多，一般可以采用剪下来后贴在错题本上的方法，但是数学题目中蕴含的信息十分重要，抄一遍往往能加深对整个题目的理解与印象，因此不要为了偷小懒而吃大亏。

（2）语文英语，纠错有技巧

许多同学可能都没有纠语文、英语错题的经验和技巧，虽然语文和英语主要靠日常积累，但实际上掌握了技巧，这些科目提高也很迅速。就以英语为例，可以分专题进行纠错。如果阅读理解某道题错了，没有必要将整篇文章都抄下来，可以将原文中与之对应的段落找出来，分析一下究竟是单词不认识还是意思不理解。类似的，完形填空如果错了，就把错的某句记下来，如果是与上下文相照应的题目就把照应的话也记下来，在之后翻看时仔细品味当时自己为什么没有做对，就能防止再错。当然，如果某篇英语作文写得不是很理想，那么也可以将范文誊写下来，平时多读多背，也是提升英语写作水平的捷径。

2. 纠错四大步骤

（1）自己重新做一遍

纠错重在思考，只是单纯地把参考答案抄在题目下面并不会有太大效果，一定要在自己弄懂思路后合上答案重新做一遍。因此在纠错时一定要保证自己这道题的解题思路已经懂了，不要抱着纠完错再弄懂怎么做的心理。

（2）记下错因、知识点

要在错题附近记下自己的思维轨迹，比如：错因、知识点、感想、重点步骤、采用这种方法的原因等。这样纠错可能会花费一些时间，但纠正一道题的收获也翻了几倍，在之后温习时对这些题目的理解也更透彻，正所谓"磨刀不误砍柴工"。

（3）记下尽可能多的解法

一题多解是很常见的，可能你对其中的某个解法情有独钟，但换一道题这种方法便不适用了，因此最好记下不同的方法，领会不同的思路。如果时间过紧，至少也要记下这道题的最佳解法和解这类问题的通用解法。

（4）写下自己详细的感想

时间富裕的话，所谓的感想，甚至可以写成类似日记的东西，在连续几次犯了同一个错误后，可以写上"下次一定要注意不能再错"！或者在纠完一道很难的题后写几句对自己的鼓励，这些都可以让纠错变得不那么枯燥，最后你甚至会爱上纠错。

3. 纠错的内容与时间

（1）不必逢错便纠

有些同学比较勤奋，有错题就想去纠，但按照上述方法纠错的话便太劳神了，实际上也没有必要做到每题必纠。拿数学题目来说，常见的错因有：题目读不懂、解题方法未掌握、公式没有背熟、计算能力不够、时间不足以及誊写错误等一些低级错误。下面便是一些没有必要纠错的题目类型。

第一，低级错误做好标记不必反复纠错。如果只是正负号搞错了，或者读题时把数据看错了等，不必为此大动干戈，将整道大题纠下来。这些题目纠一两次警示自己未尝不可，但多了反而不会有什么效果，不如将自己易犯的低级错误记录在错题本的第一页，每次考试前看一遍，几次下来也就不会再犯了。

第二，不熟练的题目可以用刷题代替纠错。像时间不足、计算能力不够的情况，并不是自己知识没有掌握，而是运用不够熟练，多做一些习题自然会迎刃而解，效果反而会比纠错要好。

读不懂、解题思路与方法不明白的题目便是重点的纠错对象了，这些错误都是对某一方面或几方面的知识掌握不到位导致的，而纠错也正是查漏补缺最快最有效的方法。

（2）不必立即纠错

第一，隔一两天再纠错。有些同学可能认为趁热打铁效果最好，实则不然，趁热打铁式的纠错往往是凭借着大脑中对题目的惯性思维直接写完的，这样其实大脑并没有怎么思考这道题就已经纠完了，如果不及时复习，很快就会忘掉。因此，隔上一两天，当你对这道题目的印象模模糊糊时再做，虽然稍有吃力，但真正是自己思考出来的，印象也会格外深刻。

第二，时间紧张的话先抄题。如果害怕时间一久就忘记纠错或太忙挤不出时间纠错的话，不妨先将要纠的题目抄在错题本上，空出写答案和笔记的位置，这样即使最近几天忙得应接不暇，以后看见的话也能够补上去。

4. 持之以恒，贵在坚持

纠错是一个水滴石穿的过程，重在坚持，当一个学期以后，翻一翻自己的错题本，发现那些错题自己都已经掌握了，一定会感觉成就满满。以下案例中便有一些实用的小窍门，来帮助大家坚持纠错。

贵在坚持

小 W 到高三后作业和考试越来越多，他陷入题海却止步不前。后来他建立了自己的错题本，坚持纠错，起初每张试卷上的错题都多得来不及纠，他便找那些最经典的题目纠。由于在函数恒成立问题上总是犯错，他便特地为恒成立问题准备了一本专题纠错本，每当遇到不会做的恒成立问题时就赶快记下来，之后有时间就看，将各种常用的解题思路、方法与技巧都牢记于心，不到两个月就没有什么恒成立问题能难倒他了。

为了坚持纠错，他还和同桌比赛，在每道题前标上序号，比比谁纠的错题多，一个学期下来，他就纠了将近两百道数学错题。为了自我督促，他在每次纠错前标明日期，当发现自己已经好几天没有纠错时一定要反思，是这几天没有做题还是错题忘记纠了，保证自己不会松懈。后来，他需要纠的错题越来越少，做题的正确率也越来越高，他的错题本还被老师在全班传阅，成为大家学习的榜样。

要点提示

- 错题本对语文、英语等科目同样适用。

- 要在错题附近记下自己的所思所感。

- 重点纠正那些因知识未掌握而不会做的题目。

- 最好把错题放在一两天后再纠。

- 纠错重在坚持，可以采用标序号、标日期等方法鞭策自己。

五、 字典词典： 让知识无处可藏

知识在于点滴的积累，而字典词典从我们入学的第一天起，便与我们形影不离，可谓是我们最亲密的伙伴，可是你对这位伙伴真的"熟悉"吗？是否早已将其视为摆设了呢？字典词典作为语言类学科的权威，我们又该怎样利用呢？

1. 玩转字词典的小技巧

字词典种类繁多、功用繁杂，在中学学习中新华字典、现代汉语词典、古汉语词典、成语词典、名人名言大全、英汉汉英词典和英语短语词典等都很常用。谈起字词典大家都会用，但是其中也是暗含很多小技巧的。

（1）切忌一碰到生词就查字典

在做英语阅读理解时，遇到生词是难以避免的，但最好先根据上下文和拼写尝试去猜这些词的意思，毕竟考试时是不允许查字典的，在做完之后再逐一排查，验证一下与自己猜的意思是否相符或相近。

（2）尽量记多个意思和例句

一本好的词典一定会收录每个词的多个意思，大家尽可能多记一些意思和搭配，尤其是不要忘了看例句，一些词组或成语只有多看几个例句才能真正掌握用法，做到运用起来灵活自如。

（3）多本字词典对照理解

有能力的人也不要局限于一本词典，有时某本词典上的解释也未必十全十美，可能会片面或语义出现偏差，多本词典反复比较才能真正领会某个词的意味。

（4）留下来过的痕迹

是不是总感觉单词忘了又记、记了又忘？是不是总觉得这个成语好像在哪里见过？是不是总是混淆某几个词组的用法和意义？不妨看看下面这个案例，看看主人公小 H 是怎么做的吧。

"单词王"的秘诀

小 H 是班上的英语课代表，同时也号称"单词记忆王"，在大家的印象里没有什么单词是小 H 不认识的。老师让小 H 向同学们介绍一下自己的经验，大家听后受益匪浅。

原来小 H 在查单词时总会用笔标记一下，表示自己已经查过了，起初只是打个对勾来获得成就感，但慢慢的随着对勾越来越多，小 H 每次查单词时都会把本页已经打过对勾的单词复习一遍加深记忆。再后来他在查单词时不仅打对勾，还会自己做标注，标一下这个单词有哪些同义词反义词，或者将自己遇到的例句记在词典中加深记忆。长期以后，小 H 的词典中已经写满了密密麻麻的标注，自己随手翻阅也感觉收获颇丰，在他的带领下，全班同学都开始了背词典的浪潮，期末时班级平均分也让其他班望尘莫及。

----

2. 建立自己的小笔记本

如果感觉背词典不太现实，准备一本小巧便携的笔记本也是个不错的选择。笔记本最好就像手机大小，平时揣在口袋里，有空时拿出来背一背。

（1）收集各类小知识

笔记本里可以记录最近背过的或者遇到的单词短语，语文则可以记一些文言词汇、成语、美文美句、文化常识等零碎的知识，其实就是一个自制的、适合自己的小型词典，有心者还可以尝试收集作文素材、数学公式、历史事件等。

（2）利用零碎时间消化

饭前饭后、等同学时、等车时、课间无聊时，只要是有闲暇时间，都可以将其利用起来，最后集腋成裘。

3. 记忆的注意事项

（1）切忌每次都从头开始

这样背的次数再多也就只记住了开头的那几个词，不妨每背完一页就把这一页给撕掉扔了，毕竟如果留心记的话，笔记本上的内容会越来越多，最后看着就和背词典一样令人望而却步了。

（2）给自己定目标

一个小的目标有利于计划的坚持，比如每天至少撕两张，这样也能强制自己用心去背，不至于自欺欺人。

（3）最好大声读背

在记忆时能出声一定要出声读，而且声音越大越利于记忆。

要点提示

- 不要碰到生词就查字典，查的时候尽量多记一些意思。
- 不要局限于某一本字典词典。
- 将自己查过的单词标注起来有助于加深记忆。
- 如果没有信心背词典，不妨建立属于自己的小笔记本。

六、 线上学习： 慎用这把双刃剑

随着互联网时代的到来，手机、电脑的普及不仅便利了人们的生活，也为人们提供了更多的学习方式。不得不说，线上学习有着传统学习不可比拟的丰富资源，但同时网络这把双刃剑随时都可能让你得不偿失。网络极易让青少年分心或上瘾，这也是大多数老师和家长不推荐同学们在线上学习的主要原因，那么就让我们一起看看如何才能做到趋利避害，用好这把有力武器。

1. 线上学习的注意事项

（1） 自制力的大考验

如果自制力实在很低，打开电脑就想玩游戏、看影视剧，拿起手机就想刷微博、聊天，最好不要尝试线上学习了。千万不要怀着今天不玩游戏的心态，却又忍不住打开了游戏，最后把光阴都白白浪费。自制力不错，对游戏、影视等也不太痴迷的同学，可以尝试利用网络来扩大自己的知识面，拓宽自己的视野。

（2）合理安排学习时间

线上学习的时间十分重要，如果结束了一天劳累的功课还要强迫自己熬夜学网课，这样只会降低自己白天的学习效率，顾此失彼。系统的线上学习，最好是在假期有大块的时间可供支配时进行，这时是一个利用网络"弯道超车"的好机会。

（3）线上线下相结合

线上学习的效率可能没有线下高，听网课总也不如在教室里听老师站在讲台上讲效果好，这就要求我们在线上听讲的同时要与线下结合。比如在听网课时，一定不要像看电影一样浏览，最好是边看边记在本子上，有不懂的地方应停下来与自己的资料对比、反复琢磨。背单词时可以把重点单词记在上文中提到的小笔记本上，以便反复记忆。

2. 线上学习的方法

（1）学网课

有些重难点章节老师上课讲时你可能没有听懂，在网上听不同老师从不同侧面讲了之后便可能茅塞顿开。每个周末可以安排一两个小时的时间，在做完作业的基础上去网上找一些资源，学习一两节网课。在寒暑假时更是可以安排系统的网课，来补习自己的差科，或者预习下个学期的课程。

（2）背单词

手机上的一些背单词和查单词的应用程序很有帮助，朋友间互相打卡督促，也是个让自己持之以恒的小技巧。当然首要条件是你的朋友的自制力不能比你还差，不然学着学着两人反而可能组队玩游戏去了。因此选个靠谱的益友还是相当重要的。

（3）网上搜题

当某道题目不会时，搜题应用一定程度上能够代替老师随时帮大家解答问题，以解燃眉之急。但一定注意不要过于依赖搜题应用，更不能利用它来抄答案，否则只能是弊大于利。

（4）查找课程资料与题库

网上海量的资料与题目可以作为线下学习的补充，尤其适合学习程度较好的同学。但同时一定要注意，网上的题目与答案良莠不齐，要注意甄别。下面让我们看看小 H 是如何利用线上资源的吧。

巧查资料　◄　　◄　◄◄◄

　　小 H 的学习成绩一直在班上名列前茅，假期老师布置的作业也总是早早地就完成了。完成必要的作业以后，他常常会在网上找一些难度更高的题目，打印出来后自己做、自己对答案，每当遇到有不懂的题目时他就去咨询老师，一年下来他打印出来的题目也已经摞了好几叠。尤其到了高三，他常常在网上找各地市的大练习试题以及往年各省市的高考真题来做，对试题的把握也提升得很快。久而久之，他在班上的优势也更加明显，在高考中取得了优异的成绩。

要点提示

- 自制力低的同学最好不要尝试线上学习。

- 线上学习时可以找几个认真学习的益友相互督促。

- 节假日是个适合线上学习的好时机。

- 线上学习一定要和线下学习相结合。

第五章　心态调整

　　《人间词话》有言："以我观物，故物皆着我之色彩。"如面前有半杯水，有人看到还有半杯水，有人却看到只剩半杯水——两人心态迥异。本讲从学业上的长效心态、生活中的长效心态、考试心态、利用平稳的心态抵御外界干扰四个方面，为大家提供在不同情境下调整心态的建议，愿大家在人生的当下阶段能安稳地走出自己的康庄大道。

一、 建立学业上的长效心态

"长效心态"即"作用于一段时期的心理状态"。狄更斯说："一个健全的心态，比一百种智慧都更有力量。"健全心态的养成需要内化于日常点滴中。众所皆知，优异成绩的取得靠的是努力和心态，但我们往往只关注考试心态却忽略了更关键的学习中的长效心态。

1. 厚积薄发，"无问西东"

（1）什么是"无问西东"

"无问西东"来自清华大学校歌"立德立言，无问西东"，原意是：在前行中面临万事万物的干扰和阻碍时，无论外界跌宕起伏，都对自己真诚守则，勇往无前。在这里引用，主要有两层含义，一是指在学习中要坚实地踏步向前，二是指要带着对知识的原初激情去学习，削弱现实功利性。

（2）为什么要"无问西东"

没有动力学习 ◄ ◄ ◄◄ ▰▰▰▰▰

小 F 是一名普通的初中生，他不太喜欢学习。父母都是普通的工薪阶层，他们很希望小 F 考上大学本科后能有机会找到更好的工作。他们经常对小 F 说："学习好将来才能生活好。"小 F 也懂得这个道理，但是他总觉得还是提不起劲头。有时候努力一段时间后，段考成绩也没有提高，他一想起未来的中考、高考、工作……觉得实在是遥遥无期。

学习是为自己学的，既然是为自己，那为什么大家还总是觉得动力不足呢？因为学习不是打工，今天解出一道数学题并不会得到可见的物质报酬，而所谓的美好未来又幽微难明，这样的心态下怎么会有学习动力？"无问西东"地学习，即学习时首先不要一直想着功利的目的，把大理想天天挂在嘴边，而是要从学习中找到内心的真实，找到一些成绩以外的喜悦，由这喜悦生出兴趣。唯有兴趣才能减少大家对一时成绩的关注——因为这些知识不是你追求的全部。其次，把目光放长远一点，或许一些枯燥的知识现在看似全无用途，但它们可能是未来你能行至何种平台的入场券。

2. 怎么做到 "无问西东"

（1）做好阶段规划

要想在状态上保持积极，但是心理上又能压力适中、平和从容，就需要先对自己的整个学习情况有详细的分析，然后再做阶段规划。可以分三步进行：

第一，综览学习现状。列个分析表，将现在所学学科分为"喜爱""无感"和"不喜爱"三类。对于"喜爱"栏目下的所列学科，分别挖掘喜爱的方面（主观/客观）、成绩水平和自己的优势、劣势；对于"无感"和"不喜爱"的学科分别分析原因（主观/客观）、成绩水平和自身的劣势。

第二，思考个人发展大方向。问自己三个问题：A. 通过什么方式到达更高的求学平台（出国、高考、自招、保送、竞赛）？B. 进入什么学校的什么专业继续深造？C. 完成高等教育后，想以什么社会角色独立？注意，这个大方向的思考基于你已经完成的第一步——对自己的学习状态有了清晰的了解。可能现在大家会觉得年纪尚轻，阅历还少，对自己未来的走向不是很清晰，但这不影响思考它的意义。因为大方向的思考是指导近段计划的，计划可以根据方向调整，但不可以没有，成长本来就是摸索、试错的过程。

第三，制订个人培养计划。首先，将个人时间表、学校课业表对照、结合，明确各学科已有的学科任务并列出个人的时间总表。其次，将个人时间总表和第一步中的分析表结合，并参考各学科已有的学科任务，为喜爱的学科加入自己的培养方案（培养内容：学科具体知识或技能。培养方式：参加兴趣班、读书、参加相关社会实践、和老师讨论等。为不喜爱的学科划定强制完成的底线。最后，各自为它们留下反馈区，供自查自省，调整计划。

（2）抵御对个人成长体系的干扰

完成以上三步，你基本有了自己的小体系。接下来，就是怎样尽量减少对小体系的不良干扰。这里我向大家介绍三种机制：

第一，**激励机制**。我推荐精神激励。如准备一个励志歌单（高三时，《勋章》《荣耀为名》《燕园情》是我励志歌单中最常听的三首），记一些你个人认为愿意"喝"且不反胃的"鸡汤"格言，了解一个你最敬佩的人物的生平或者读一下他/她的传记……或者找寻其他能给予你精神激励的东西。

第二，**反思机制**。利用上文第三步中个人培养计划的"反馈区"，以半个月或者自己的一个计划周期为限，对计划的完成情况、个人学习状态进行系统回顾并调整。当然，阶段反思若能结合每日反思和他人建议则事半功倍。

第三，**转移机制**。这是一种暂时性的解决办法，长期使用可能会形成积极或者消极的心理暗示（如下案例），所以要注重使用情境和方法。

你是哪一种？

- 小 M 学习很努力，但是在这一次较为重要的段考中没有发挥好。自此之后，他在做题时总会想：自己这么努力，要是都付之东流该如何是好？每次在做卷子时他还会想这次考试会不会影响自己之后的状态、升学……他察觉到这种状态给自己带来了不良的困扰。为了更专注地学习，他在每次做无用之思时就拿出一道较难的数学题来做，转移自己的思绪；或者手嘴并用地来读题，强迫自己专心。一个月后，他不再承受无端担心未来所带来的压力了。

（积极）

- 小 N 在意成绩但不够努力，他在面对不尽如人意的成绩单唉声叹气后，总是通过听音乐、追剧、打游戏等方式忘记成绩带来的痛苦，以求暂时的心情平静。结果，他的成绩越来越差，整个人愈发颓废。

（消极）

由案例可知，"转移法"最重要的是用更有意义、更积极的事情去代替眼下无用、消极的庸人自扰，而不是简单地"用做另外的事情去代替当下"。

要点提示

- 学习上要有"无问西东"的长效心态，做一个努力发现学习乐趣、不问结果的"傻子"，能够帮助我们淡化对一时成绩的过分看重，熬过题海。
- 长效心态的养成首先是做好阶段规划：综合分析学习概况，思考个人发展方向，制订个人培养计划。
- 个人培养体系免干扰的机制：激励机制、反思机制、转移机制。
- 心态调整的小技巧因人而异，大家可以自己去探索适合自己的方法。

二、 建立生活中的长效心态

梳理中学时代的关系，会发现初中生和高中生的日常人际交往极为简单，无非三类人群——家长、老师、同学，并且大部分情况下交往只涉及包括自己在内的两方群体。但是，关系越简单，其所受牵绕越深，如有损伤则危害极大。所以对于中学时代的学生来说，形成良性的社会关系必须处理好以上三类关系。

1. "我"与父母

子女和父母相处的最好状态应当是"亦亲亦友"："亦亲"，指父母无私之爱和为人子女者对父母的尊敬关爱；"亦友"，指如朋友般互相分享成长并互相尊重欣赏。如果没能达到这种关系状态，不妨分四步反思一下：

（1）对自己与父母现在的关系状态做一个概括总结。

（2）从自身角度寻找自己在关系中扮演的角色所出现的问题。

（3）思考父母是否存在位置不当的问题，并进一步分析这种问题与他们生活的哪些方面（性格、学识水平、工作、交流方式）可能有关系。

（4）将自身与父母的问题相联系，寻找共通点，尝试新相处方式。

想说爱您不容易　◀　◀　◀◀◀▬▬▬

　　小 F 总觉得自己的父母很矛盾，自己也很矛盾。他认为父母总在自己不想他们干涉时对自己的事指手画脚，比如对考试的分析、朋友关系的处理等。但有时他内心深处希望父母的关注时（虽然他不说出来），父母却显得漠不关心，比如自己对一些青春问题的迷惑。他决定改变这种状态。首先，他将自己与父母的关系进行了定位：压抑的传统家长制。其次，他分析了自己的问题：学习上没有很强的计划性和自主性，碍于面子不喜欢主动与父母沟通，很少主动为父母做什么。然后，他分析了父母的问题：性格较为内敛，文化水平与自己现在所学难以接轨，平时工作太忙。最后，他找到了一些改进办法：自己主动规划学习任务并定期与父母交流情况，与父母商定对自己的一些学习生活领域"定期放权"，借助网络或者书信方式和父母交流心理问题，在家多帮父母做家务，多共同出游增进亲密感……

以上是从总体上改善关系定位的一些策略，那么在日常生活中有哪些和父母相处的小妙招呢?

(1) 主动示弱

在产生认知冲突时，尽量让一步，主动示弱不代表你真的"弱"或者"错"，而是一种矛盾缓和机制。让父母感受到作为长辈的尊严感以及被需要感。

(2) 间接交流

一些难以启齿的问题，不妨通过线上留言（微信等）、书信、纸条等方式进行间接交流。用文字写下的内容通常更为深思熟虑且避免了面对面时的心理防备。

(3) 主动"讨好"

主动去理解父母的成长经历、工作状态，从而理解父母与自己在思想上的差距以及照顾自己的不易。在生活中，通过一些小温暖让父母感受到子女的爱，例如为父母挤牙膏、找一些理由给他们小礼物、给醉酒的父亲冲一杯蜂蜜水等。

(4) 共同经历

找一些既适合自己又适合父母阅读的书，共同交流；让父母把他们工作或生活中的一些困难和你分享，听取你的建议；将你和朋友逍遥的时间分出一些和父母一起度过。

2. "我" 与老师

依我之见，"我"与老师最重要的一个原则是"划好界限"。这有三层含义：

(1) 期望有界。理清认知：老师没有责任对学生的学习全权负责。

（2）学问有界。这个不仅指大家不能期待从老师那里获得全部知识，更重要的一点可能是，怎样将学科和老师分开，不因对老师的好恶而影响对学科的认知，须知，他（她）一人绝不代表学科的全部。

（3）公私有界。不要过度培养与老师的私人情感，寄希望于通过一些手段来拉近与老师的距离；也不要让老师过度进入自己的学习生活，例如完全以老师的一些评判作为对自己的认知。公私混同不仅需投入大量精力，还会带来很多超出我们能力范围的麻烦。

所以，与老师相处的心态最简单的就是最好的：因获取知识，因受其教诲，而对其尊敬。

3. "我" 与同学

同学关系作为学生时代的主要交往关系，纷繁复杂，难达其详，这里只取学习上的"良性竞争"略谈一二。

"良性竞争"有四个要素：良性对象、良性目标、良性方法和良性结果。我假设两例，从这四个方面探讨形成"良性竞争"的个人努力。

小 E 是一个高三学生，在班里成绩中上，且好胜心和上进心极强。他有一个好朋友小 S，在班里成绩优异，二人常形影不离。历次考试后，小 E 总会在发布成绩时将自己成绩和小 S 的成绩一一比照，稍有落差便心中梗结。而后一段时间内，小 E 会完全模仿小 S 的行为方式，二人虽日常交好，但彼此总觉心里有微妙的隔阂。

小 P 是一个初二学生，与其好友小 Q 均成绩平平，两人暗有默契：在一起不谈论任何与学习有关的事情，防止"伤害感情"。他们相处得很好，但成绩也没什么太大进益。

（1）良性对象

首先，从对象的范围看，需要有一种更大的眼界。如小 E 将竞争个人化了，小 E 只盯着小 S，却不见其他成千上万的高考考生。首先，当前学业竞争的本质是对自我学业能力提高以及对他方认可的追求，而不应该是超过某一个人。其次，从对象的程度看，需要"适当拔高"。如小 P、小 Q 间的"心照不宣"，如井底之蛙，实在难有提高。所以，良性竞争不能将竞争集于一人，和他处处"较劲"；根据不同科目，可以选择多样的竞争对象；可以选择在学习的某个方面略高于自己的同学，以激励自己。

（2）良性目标

小 E 将竞争的目标曲解为在"成绩上高过别人"，小 P 将良性竞争误视为"不造成朋友间压力的竞争"。事实上，做到良性竞争就必须正确确立竞争目标——在竞争中个人某方面能力的提高。比如，小 E 应该关注一次次考试中自己通过和小 S 的竞争，是否在某个科目的某方面知识上掌握得更扎实了，是否考试技巧和心态有所提高了。当大家把目标转向自己时，就不会将压力带来的不愉快转移到朋友之间了。

（3）良性方法

在竞争的方法上，小 E、小 P、小 Q 均采取了错误的做法：小 E 是一味模仿，而小 P、小 Q 则是在进行"佛系竞争"。在建立良性竞争的人际关系时，可以直接沟通，如小 E 可以直接向小 S 寻求帮助，小 P 和小 Q 可以共同制定学习目标。

（4）良性结果

怎么面对竞争后的结果呢？在人际关系上应当注意：

第一，拒绝比较名次高低。

第二，主动找机会交流阶段学习感受。

第三，互相设立奖励机制（比如为对方的进步买杯奶茶）。

第四，寻找对方优点，并用语言真诚赞美。

要点提示

- 日常生活中需要认真处理的三类关系：父母、老师、同学。

- 与父母相处首先要发挥双方共同的能动性，分四步来反思彼此的相处模式。作为晚辈，需要学会一些方法来做相处的催化剂。

- 与老师交往要强调自己的能动性，划好三层界限。

- 与同学的"良性竞争"需把握四个要素：良性对象、良性目标、良性方法、良性结果。

三、 考试心态

上一节我们谈了日常良好心态的养成。但是，行百里者半九十，成绩高低与考试心态的关系往往更紧密，考试前、中、后的心态尤为重要。所以本节，我会结合自己的经历体会，对考试时良好"短效心态"的养成提出一些建议。

1. 考前三面相

（1）准备不足者

这种状态有"实际上"与"心理上"的区别。"实际上"准备不足，是指考前未能较为认真或细致地复习完要考试的基础内容；"心理上"准备不足，是指尽管已经按照计划进行了全面的复习，却总觉得"有什么地方没有复习到"。

第一，"实际上"准备不足者。

首先要明确，这绝对不是取得理想成绩的良好状态。那么如果已经陷入这滩泥淖，如何尽量少湿衣鞋呢？首先，只能采取消极的"自我麻痹法"——告诉自己："不会的不考，考的都会。"这倒不只是"阿Q精神"，实际情况是：假如只有40%没有复习完，此类同学会觉得自己80%都似会非会，而考试其实往往只能检测到60%~80%的知识，所以考试中真正没有复习到的内容并未占到40%那么多。通过自我安慰，可以让精力集中于当下。最重要的是，记住这种心急如焚的感觉！让这种体验督促自己按计划完成之后的学习任务。

第二，"心理上"准备不足者。

在上面的分析中我已经谈到考试对知识点的覆盖情况，这其实是这类同学首先需要认清的问题：没有人敢说自己的考试准备面面俱到。现在考试多不存在大量死记硬背的试题，考查的更多是在大纲知识储备下，日常的能力积累和临场发挥。既然复习完成，就已经做好了知识储备这第一步，就无需过多忧虑，导致影响下一环节的发挥。认清这个问题后，最应该做的是闭上眼睛，在大脑中快速回想：这一科的知识体系是什么样的？考查题型是什么？大概时间分配如何？经常用到的技巧和方法有哪些？用这些思考挤走大脑中的担忧。

（2）成绩不稳定者

此类同学往往信奉自己的成绩是"波浪线"，忽高忽低，基于此种认知，总会在心理上对某次考试的成绩有预判——该是波峰了还是波谷。

究其原因：

第一，反映出应试技巧和知识能力上的欠缺。考试题目与自己擅长的方面重合则成绩高，反之则低。

第二，日常学习计划性不强，长时间"心血来潮"式地学习。

第三，考前心理暗示作怪。

针对以上原因，我给出的建议是：首先，有计划地学习；然后，坚决拒绝心理预判！有几个方法：

第一，了解这种"心理暗示"的作用机制（暗示会通过个人表现作用于结果），从理论上说服自己消除这种想法。

第二，寻找自己和身边的人打破这种虚假"规律"的案例，用事实说话。

第三，考前与相关科目老师进行心理交谈，聆听老师针对学科心态的具体建议。

（3）习惯优秀者

这可能是一些日常成绩较优异的同学常有的一种考前心态：我平常考那么好，（这次考试那么重要）这次考不好怎么办？在高三的一年中，我摸索出了一些方法。

第一，建立生活记录本。

准备一个小本子记录自己的生活与学习日常。记录生活和学习不是做计划，而是如实、按顺序记下自己干了什么——学了哪一科？完成了什么练习？吃了什么？这个记录的重点在于不要间断。高三每次考试前，我都会静下心来随意翻翻这个本子，它告诉我：我已经做了那么多，没有什么理由再焦虑。

第二，回顾自己及前人的经历。

可以回想自己曾经历过的那么多次考试，会发现曾经以为那么重要的考试也没有那么重要，考试结果的影响也和当初设想的不一样。也可以了解些学长的故事，在和"我"相似的情形下，他们走出了什么样的道路？还有一种更宏观的视角，是我高三时经常使用的——想一想伟人的经历或者干脆思考一下历史、宇宙，就会发现自己的一次考试结果和那些伟人当年的经历抉择相比是那么微不足道，而自己和宇宙相比又是那么渺小。未来不可知，一次考试的结果怎可能决定人生！如此一来，心胸顿时开阔。

第三，将"非正常"常态化。

考前失眠并不会影响考试发挥

> 小 X 同学平常成绩优异。她中考时两天午觉都睡不着；高考时她只有平常 70% 的饭量，晚上辗转半小时才能入眠，早上 5 点多醒来就再难入睡。最后，中考是她初中三年成绩最好的一次，高考是她高中三年成绩最好的一次。

小 X 就是我自己，我最想告诉大家的是：从内心悦纳考前的自己。无论是考前失眠、食欲不振还是生病了，告诉自己：这种"不正常"是考前的一种正常反应，积极应对并不会对最终的结果造成多大影响，不要埋怨自己。然后，找方法调整：A. 按照计划度过考前几天，培养"日常感"；B. 听一些放松心情的音乐，或和同学进行不激烈的体育运动；C. 和父母谈谈天（不谈学习）。通过这些方法，减轻自己的焦虑。

2. 考中双面人

考试中最难的应该是心态的平和，与平和相对的是两种状态：

太放松与太紧张。

（1）太放松

为什么心态很放松对考试不好呢？因为过于放松的精神状态不仅会使大家难以集中全部精力研读试题，造成关键点的遗漏，更会让大家的思维网松松垮垮，漏掉很多得分点。

出现这种心态往往是两种情况：要么是试题真的简单，要么是看上去简单。在考试的短时间内，大家很难完全准确地分辨出试题是真的简单还是看上去简单。但这两种情况的心态调整方法是一样的。

调整这种心态关键在于"度"——不要从太轻松滑到妄自菲薄的另一个极端，也不要妄图仅仅从心态上消除这种想法。考场中出现这种心态时，如果是针对个别题目，则立即用不超过一分钟的时间再次浏览题目并圈画关键点看是否有遗漏，然后在大脑中再次明确思路过程，着重注意层级和思路的递进点，最后与试卷（或演草纸）所写进行对照。如果是针对整场考试，则往往会在第一遍做完试卷后剩余一些时间，在这些时间内进行检查（参考第六章）。总之，太放松的心态最好通过直接的事实手段解决，而非置之不理或在心里不断暗示自己：一定是我想得太简单了。

（2）太紧张

太紧张有三种情况，各有不同，故分述之。

第一，真的不会。

即面对一道题，很清楚地知道以自己的知识水平和能力无法做出来。那么这时就要有壮士断腕的勇气，在心里要想：别人也做不出来，题目出错了，只是一道题而已。立刻接着答题，就当作这道题根本没有出现在试卷上过。

第二，有可能会。

在这里，我不展开谈面对这种题时各科的具体答题技巧，只谈整体上可取的方法。首先，浏览并估计接下来的题目可能需要的时间，在心中进行一个快速的时间计算，为眼前的这道难题留出一个"最后时间"。其次，深呼吸冷静一下，命令自己只在最后时间内思考这个问题。最后，如果仍然做不出来，就告诉自己是自己判断失误，这道题的难度确实超出自己的能力，不要再在后面答题时对其念念不忘。尤其需要注意的是，不要根据一道题在试卷中的位置或者其"被定义的难度"判断自己是否能做出来它。这种预判很可能在关键考试中造成整个试卷的大崩盘。

第三，倒计时。

数学考试最后 7 分钟。此时小 I 同学整张数学卷子完成情况如下：

题目 分析	未完成情况	未完成原因
选择题	两道题	一道压轴题毫无思路、另一道完成一半
填空题	一道题	无思路
简答题	最后两道压轴题	还未写到

"时间不够用"的问题绝大多数同学都曾遇到过，抛却考试时间分配的问题，如何从心态上减小损失？考前做好心理建设，明

白这不单纯是个人原因，写不完不等于成绩糟糕。考中运用"时空转换法"——忘记这 7 分钟是最后 7 分钟，而是考试中的 7 分钟，迅速进行状态转换。然后，暗示自己：平常 7 分钟我可以刷很多题，正常去写还可以挽救不少。最后，抱着这样的想法按如下顺序去处理剩下的题目：完成一半的静心去做，未写到的大胆去写第一问，毫无思路的坚定去蒙。莫惶恐，告诉自己："得之我幸，不得我命。"

3. 考后一根筋

"考后"有两种含义，一个是一场考试后（如一次月考中的语文考试），另一个是一次考试后（如一次月考）。要以不同心态面对不同"考后"。第一种"考后"的心态，请大家参考第六章。这里主要讲第二种"考后"：

（1）准备一个心态记录册

对自己在这次考试的考前、考中的心态做一个总结，与自己的考试结果相对照，寻找其关联性，思考得失，并给自己提出建议。

（2）对心态做回归平衡

考试的结果会引起不同的悲喜变化，应该尽快忘记分数和名次。这时候，运用本章第一节中"无问西东"的一些方法，引导心态在最短时间内恢复平衡状态。

综上，考后最好的心态就是不要进行过多的情绪化思考，专注长远目标，滴水穿石。

要点提示

- 考前因不同原因而导致的三种不同心理状态要区分面对：准备不足、成绩不定、习惯优秀。
- 考试中太放松或太紧张的心态都不可取，可采取心理暗示、身体放松、时空转移等方法平衡心态。
- 考试进行时切忌对自己成绩或结果进行预判。
- 考试后的心态调整往往是锻炼良好心理素质最重要的一步，不可忽略。

四、 用平稳的心态抵御干扰

随着学习环境的日益开放，做到"两耳不闻窗外事，一心只读圣贤书"愈发难上加难，大家总会面对来自学校、社会事件的挑战。那么，如何在遭遇计划外状况时依旧保持良好的心态呢？

1. 平衡课外活动与学习

随着素质教育的推进，大家会遇到更多来自学校的"意外"——多样的活动、学生工作、社会实践等。这些与学习时常产生冲突的活动有时会带来心理困扰：该怎样选择？怎样平衡？

如何取舍 ◀ ◀ ◀◀

　　小 R 是班级的文艺委员、学校模联社积极成员，喜欢语文，不过英语能力更高。他最近陷入巨大的焦虑中：校艺术节将至，各班要出文艺节目；模联社新一期比赛又要开始了，这次比赛的参与情况关乎未来社团领导层的确定；对自主招生有用的语文和英语能力竞赛初赛也要开始了；第二次月考也将提上日程。纠结过后，他采取了以下措施：第一，咨询一些学长、老师，听取他们的建议；第二，对学习和各项活动的压力以及个人时间进行估计；第三，冷静思考自己对每项活动的喜好、参与后可能需付出的努力和结果；第四，确定参与的活动，制订新的个人计划。

小 R 的做法正是我所建议的。对他的做法进行延伸，我和大家分享一些个人的经验：

（1）不完美主义

我认为首先不要做一个彻底的完美主义者。我的一条格言就是"悦纳平凡的自己"，世上从不缺在某个方面远优秀于你的人。我从郑州外国语学校到北大，平台愈高，愈觉得这句话很有道理。这不是让大家习惯平庸，而是要冷静认清自己的所长所短，在做事之初，不要希冀每一方面都做到最好，给自己减轻不必要的心理压力，避免求之不得后的万般苦闷。

（2）不"入地"、不"上天"

"入地"是指太现实功利，"上天"则是太过理想恣意。在选择参与各项活动之初，千万不要抱有完全因为功利或完全跟随兴趣的想法。因为多数情况下大家会发现，所得非所想。活动最重要的意义在于参与，在得失中学到课堂外的东西，提升自己的综合素质，结识更多的朋友，而不是为履历增色或者单纯求好玩。

131

(3) 权衡考量

拥有以上两种心态后，就要在选择前进行权衡：

第一，对自己在各个活动中可能做的事情、担任的角色、获得的成就和时间成本进行估计。

第二，向有经验的学长或者老师寻求建议。

第三，对自己的学业任务和空闲时间进行估计。

小 R 最终进行了这样的抉择：参与班级文艺节目排演，因为这是作为文艺委员的基本职责，且他只需做计划就行；参加模联赛，因为他很喜欢模联，且这次比赛规格较高、机会较多；不参加语文竞赛，参与英语竞赛，因为语文兴趣有很多机会培养，但获奖不易，不必侥幸希望"瞎猫撞上死耗子"。这样一来，他并没有耽误日常的学习时间。

(4) 恢复平衡

作出了选择之后，就要尽量减小这些意外活动对平衡生活的冲击，尽快恢复有序生活状态，保持心态稳定。总结自己初中、高中参与学生工作、活动、社会实践的经验，我向大家分享以下平衡压力的方法：

第一，更弹性的"海绵时间"。对估计的空闲时间（或者提高效率挤出的时间）进行相应的活动安排，重新制订个人的每日计划表。如：小 R 将原来运动读书的大课间用来准备模联赛，同时，他每天早起 20 分钟进行英语竞赛准备。

第二，**善于分摊压力**。有很多途径可以闻听良言、了解诀窍；不必事必躬亲，要善于统筹，借助他力完成一些任务。如：小 R 可以从参赛过的学长那里获得一些玩模联的技巧；他借助网络、咨询英语老师而获得很多参赛建议；作为文艺委员，小 R 在对文艺节目进行整体规划后，把训练任务分配给特长生、组长等其他同学，借众人之力。

第三，**为自己"煽风点火"**。选择了更多元的生活，就要预知可能的忙碌与不可期的收获。在压力过大时，回想自己当初为什么选择，回望过程中自己的经历和每一个小收获，以此鼓舞自己。同时，更不要吝于给自己放个小假——10 分钟的放空冥想、20 分钟的无目的散步或者一顿比以往丰富的午餐。

其实考量我以上提出的建议，有一条隐含的原则："活"有余力——在能力范围内做平衡取舍（多数情况下是"学有余力"，但考虑到一些特长生和各方面全能的"大神"们，故扩展为"活有余力"）。最好的办法一定不是在头脑一热的选择后，过度压榨自己，为活动牺牲学习；而是有所取舍，更高效地处理各方关系。

2. 应对社会事件带来的心理波动

社会事件诸如突发事故、热议焦点、政策变化等，可能直接或间接地影响大家的生活，造成心理状态的一些波动。它们有时看似遥远，却影响深远。

（1）直接关联事件

对学生影响最大的莫过于国家有关教育方面的新政策，例如：

十八届三中全会后高考改革的展开带来的外语和文理分科的变革，教育部《关于做好 2018 年普通中小学招生入学工作的通知》中对招生方式和 2020 年取消各类特长生招生的规定，等等。政策总是在不断革新的，大家如何以平常心应对政策变革呢？

第一，主动去获知政策信息，不要被动接受，尤其是不要一味听信各种课外辅导机构的解读。

第二，明确政策的"变"与"不变"，思考自己的"变"与"不变"。在心里告诉自己："万变不离其宗"，努力到了，多变的政策对自己也不会有很大的影响。

第三，根据政策及时调整个人方向和规划，消除内心对政策作用结果的消极预判。

（2）间接关联事件

这种事件因人而异。有些同学会因为某一社会事件感到信念崩塌；有些同学则会因自己喜欢的明星偶像的事情产生较大的情绪反应；有些同学将自己与某社会事件中的人物经历比照，陷入某种心理状态。我个人因为一个社会事件，从立志学经济转到学法律，我也曾为自己的偶像大喜大悲。经历这些，我对于此类事件的态度是：根据不同情况，"拆墙"也"建墙"。

第一，"拆墙"。自己搜集有关信息，独立分析，不要盲目听从各方（尤其是网络上各种网友、媒体）的判断；不躲避其对自己心理状态的影响，主动思考其对自己认知、信念、理想等方面的启示；通过间接方式抒发感情（如积极为地震灾区献爱心等）。

第二，"建墙"。明白我所听闻未必真相；读一读相关的经典书籍，让信念更有定力，懂得一时的事件并不一定是规律的彰显；了解个人独特性，写出自己与他人的不同之处；用其他事情填充自己，转移注意力。

总体来说，社会事件难以预料，但是我们要尽量平和面对。而平和心态的保持，从来不是靠一些单纯只针对心态调整的小技巧就可以实现的，更重要的是如何在实践中正面而积极地应对这些事件。

要点提示

- 正确认知课外活动的意义，调整心态，以更好的状态平衡活动与学习。
- 在平衡活动与学习时，注意计划安排、压力分担和松紧适度。
- 用"拆墙"法与"建墙"法来面对社会事件，在实践中调整心态，发挥其积极影响。

135

第六章　应试技巧

　　欧阳修笔下的考场是"无哗战士衔枚勇，下笔春蚕食叶声"，而考场上的我们有时却像士气低迷的士兵，笔尖上的春蚕又似梗住了喉咙。考试检验的是知识，然而在只看结果的考试中，应试技巧也同样不可忽视。本章将涉及考试前、考试中及考试后能够应用的一些巧妙的方法，希望你在阅读之后，可以将之前厉兵秣马的努力更有效地转化为战场上的功勋。

一、 考前准备： 上阵之前先磨枪

1. 最后的复习

当考试的倒计时只剩短短一天的时候，你是否经常因为复习不充分而惴惴不安？二十四小时听来很短，实则很长，若能充分利用这一段考前的黄金时间，复习进度仍然可以实现飞跃。临考复习大体遵循的原则是：拾旧舍新，重视基础，抓住易忘。那么当距离考试仅有一天时，具体该复习些什么呢？当几小时后就要进入考场时，又该复习些什么呢？

（1） 考前一天

第一，少做难题，多做基础题。一般在试卷中，难度较大的高档题所占的分值与数量比例远小于中低档试题，而钻研难题又是耗时的工作，当考试迫在眉睫之时，做大量难度较高的题目在付出与回报上不成比例，况且难题做不出来也容易打击自信心。因此，与其死磕难题，不如回归基础，稳妥为上，比如进行"小题狂练"，做一些难度适中的选择填空题。

第二，少做新题，回顾旧题。考前适当做一些新题可以锻炼做题手感，但大量做新题不如温故而知新。这时纠错本便派上了用场。使用纠错本回顾错题并不是简单地把错题看一遍，而是重新做一遍，再将自己的答案、做题时的思路与纠错本上的内容比对。有能力的话也可以尝试换一种方法解题。这样针对自己曾经的漏洞进行的再检验与修补，要比在无尽的题海中茫然地游走，更能在短期内取得成效。

第三，回归课本与课堂笔记，再次复习容易遗忘的知识点。抓住最后的时间进行短时高效记忆，让最易遗忘的知识以最新鲜的面貌印在脑中。最好能给自己规定复习的时间，在计划时间内完成记忆的任务，不要把时间浪费在漫无目的地干看课本上。

考前最后一天的英语复习 ◢ ◂ ◂◂◁▤▤▤

明天的第一门考试科目就是英语，因此小 Z 在今天留给英语科目大量的复习时间。他拿出笔记本，将曾经标注过的、自己经常遗忘的单词与语法知识再次背诵了一遍。在基础知识复习完之后，他打开纠错本，重新做了上面的错题。然后，他想再做一些新题来增强语感。他放弃了做一整套试卷的想法，因为那太消耗时间了。他转而用 20 分钟做了几道单项选择题，以及几篇短小的语法填空与短文

改错。最后，他又听了一篇英语听力，以此来让自己的耳
朵回归"听英语"的状态。

（2）考前几小时

第一，如果在平日的学习中准备了记录学习内容的便携小本，
这时它们便可大显神通。这些小本中所记下的可以是英语单词、需
背诵的诗词、数学定理、历史纪年表等一切适合在碎片时间记忆的
知识。不妨在进考场前再把随身携带的小本拿出来温习一下，这不
仅能让我们对知识更熟悉，还能转移我们面对考试的焦躁。不过，
如果你在背诵时容易走神，则可以放弃背诵，做一些与考试科目相
关的小题。

第二，在某科目考试之前要复习对应科目的内容，让大脑提前
建立起该学科的思维方式，有助于考试答题时保持清醒的头脑与流
畅的思路。

2. 用具的准备

物质上的充分准备不仅能够帮助我们避免在考场上因用具不足
而慌张，还能给我们积极的心理暗示——"我已准备万全"，从而稳
定考前心态。掌握以下三个小窍门，就能在准备考试用具时不丢不
落、成竹在胸：

- 提前一天将所需物品准备好，不要拖到考试当天早晨再
  准备。
- 罗列所需物品清单（可适用于每次考试），依照清单逐项

141

准备。

● 在收拾完毕后，对照清单进行二次检查。

3. 状态的调整

（1）休息

众所周知，考前应保证充足的睡眠，但事实是，在中高考等大型考试的前夜，心理压力往往使很多学生辗转难寐。当考前失眠时，不要强迫自己放松，不必刻意将考试逐出你的脑海，这反而会让考试的阴影挥之不去。不妨尝试一些普通的助眠方法，例如听助眠音乐、冥想引导等。如果失眠已成事实也不必担心，只要好好闭眼躺着休息就好。考前失眠的学生其实很多，在注意力高度集中的考场上，失眠并不会影响到考试的状态。因此，不必为失眠忧心忡忡，更不要自认精神不佳，将消极的心理带入考场。

（2）饮食

养成固定的考试时的饮食习惯，固定考试当天的早餐与午餐所吃的东西，就像住宿学校在高考时提供的考试餐一样。这样一来可以保证在考试时不会因饮食引发健康问题，二来也可以起到积极的心理暗示的作用：我现在吃的东西和平常一样→我现在做的事情和平常一样→我的考试也一定能和平常一样正常发挥。

要点提示

- 考前最后一天的复习遵循"拾旧舍新，重视基础，抓住易忘"的原则。

- 考前数小时，抓住碎片时间进行记忆。

- 让大脑在考前保持适应考试科目的思维方式。

- 考试用具准备的三个窍门：提前一天准备，罗列用品清单，进行二次检查。

- 考前可尽量保证充足的休息，使用助眠方法来缓解失眠，但若休息不足也不必忧虑。

- 养成固定的考试期间的饮食习惯。

二、 定中有变: 坚持套路, 走出套路

"套路"一词如今大为流行,而我们口中的套路带有浓浓的调侃意味,通常略含贬义色彩。而我们这里说的"套路"并非如此,它是指一种精心策划的、应对某种情况的方法,并且使用者对该方法已熟练掌握并倾向于惯性使用。坚持套路即意味着在考场上做题要遵循之前练习中自己所习惯的步调,而"走出套路"则指思维不可固化在一套一成不变的做题模式之中,要在临场出现变故时及时调整。

1. 养成做题习惯

要想坚持套路,首先要有套路,也就是养成一套做题习惯。做题习惯大致包括两个方面:一是对每道题目的时间分配,二是做题顺序。想要有意识地培养做题习惯,可从以下几方面着手:

（1）加强模拟训练

平时在做模拟试卷时要注重限时训练，以正式考试的时间限度要求自己，对待练习如同对待考试一样。通过反复进行接近考场状态的限时模拟训练，我们能够对自己考试时的真实做题效率有更确切的把握，了解每道题的大致耗时，而了解信息是做出决策的第一步。

（2）记录做题耗时

如果我们对正在做的题目有了大概的时间预期，就可以在考试时把每个板块的做题时间控制在一定范围内，从而避免出现时间安排不合理的情况。为了建立时间预期，在限时训练时可以经常看表，记录下自己做完每一板块或者每一道题的时间。通过长期记录，可以对自己做每道题所需的时间有大致的把握，供正式考试时参考。我们可能无法完全精确地计算预期时间，同时也不必精确，应该留出一定的弹性空间。

（3）探索做题顺序

在模拟训练与小型考试中尝试不同的做题顺序，从而明白每种方案于己的优劣，找到与自己相容性最好的方案。当然，如果已经习惯自己现在的做题顺序，便不必再尝试，只需沿袭得心应手的方案。另外，尝试过各种方案后不能犹豫不决，一旦找到了适合的做题顺序就应坚持下去，多余的尝试只是时间、精力与试题资源的浪费。如果无论哪种做题顺序都无法让你满意，那么问题其实不在应试技巧上，而很可能在于本身知识的不足。

另外，不建议采用绝对的先易后难的做题顺序。试卷由选择、填空、问答等多个类型的题目组成，而在每个类型中题目的顺序一般就是从简单到困难，因此按照先后顺序做题，便是大致的"先易后难"。这里所说的绝对的先易后难顺序，是指先做完简单的所有类型的题，再开始做难题，而这种在不同题型间跳来跳去的做法容易导致思路的中断。不过这也仅仅只是建议，同样的做题顺序对不同人的适用性截然不同，一定要找到适合自己的方案。

2. 坚持且不僵化

一旦养成了做题习惯，就要在考场上遵循这套固定的做题模式。一方面，采用熟悉的模式可以让我们保持一颗平常心，缓解紧张情绪。另一方面，在这一模式中我们已对各种因素有了稳定的预期，能更好地控制考试的节奏。即使试题难度、模式与曾经做过的习题以及我们的预期有一些出入，也不要在做题模式上临时进行大的变动，这只会让我们更加慌张，此时"以不变应万变"方为上策。

当然，"以不变应万变"并不是指做题模式的固化，不是指做题顺序毫无变化，时间控制分秒不差。不变的是基本的模式，而在实际操作中应该要根据情况进行局部微调。例如，当做一道题已经略微超出时间预期，但是思路十分顺畅时，不要停笔，继续做下去；当一道题的耗时还没有到时间预期，但思路已经完全中断的时候，就不要在这道题上浪费时间，而是把它跳过。

做题顺序与时间的局部调整 ◄ ◄ ◄◄ ▭▭

小 Z 做完数学选择题后，发现距自己的计划时间还有
10 分钟。在选择题中有一道题的答案小 Z 不太确定，但他

并没有返回检查，而是继续往下做，因为接下来可能会有需要超出预计时间的难题。第一道大题比他预期要难，他看了 3 分钟，思路全无，于是直接跳过，开始做下面的题。倒数第二道题的解题思路给了他灵感，他做完这道题之后又返回第一道大题，顺利地做了出来，而总耗时依然在计划之中。做完所有题之后，他发现还剩一点时间，于是再去重新核验那道答案并不确定的选择题。

3. 准备应急预案

为了不在临场出现变故时自乱阵脚，可以事先准备对于变故的应对方案，然后在日常练习中进行事先演练，通过一遍遍的实践，将方案转化成习惯。方案的内容应该是在糟糕的境遇下也能够顺利执行的有效且具体的操作，不应该有空话。例如，不要写"当预期时间所剩不多而没思路时，跳过这一题"，而要写"当预期时间只剩二分之一，而我仍未想出第一步时，跳过它"。

要点提示

- 通过加强限时模拟训练来养成做题习惯。
- 记录做题耗时以明确题目的时间分配。
- 在尝试中探索适合的做题顺序。
- 在考场上遵循基本固定的做题模式。
- 依据情况进行局部微调。

三、 稳中求速： 心要稳， 手要快

1. 求认真， 忌浮躁

考场上切不可一味追求做题速度，静下心来认真做好每一道会做的题才是最基本的，而提速需要建立在认真细心的基础上。一味求速确实做题更快，还能节省下更多的时间供做完后检查，似乎更能提高正确性。然而我们不可能有足够的时间将整张试卷都检查一遍，与其依赖二次检查，不如一次做对。追求速度既会造成心态的慌乱，又经常导致对细节的忽略，极易使答案产生纰漏。摒弃浮躁心态，认认真真做题，实际上是一种效率更高的办法。

（1） 审题认真

要全面、细心地看题目，特别关注题目中关键性、提示性的字词、数据、图表等条件。要全面分析出已知条件，从而推出暗含的、未知的条件。在文综选择题上，很多同学会把更多的注意力放在对选项字词的分析上，却忽视了题干，这是一个大忌。

历史选择题的关键词审题法 ◂ ◂ ◂◂◂

小 Z 在做历史选择题时，格外注重题中表示时空限制的词、程度副词与提示性名词等。在做"下图为汉唐间安徽境内水利兴修统计示意图，该图反映的本质现象是"一题时，他勾画上时间限制词"汉唐"与空间限制词"安徽"并在旁标注"长江流域"，而"本质"二字则暗示了选项中很可能有属于所反映现象但并非本质的干扰项。在选项上，他圈起"极大提高""彻底完成"等带有程度副词的词汇，并对表述过于绝对的选项格外注意。

（2）作答认真

警惕惯性造成的低级错误，比如字词的重复或遗漏、错别字、将草稿上的结果誊写到卷子上时出现抄写错误等。对待理科题目，复杂的计算更需要高度集中的注意力。某些同学会在考后反思时对这些低级错误一带而过，认为只是一时疏忽，却不去反思疏忽背后的原因——是心态浮躁？精神紧张？注意力不集中？如果不重视这些问题，将会导致小错不断，积重难返。

2. 求专注，忌神游

大家都知道考试时应该精神集中，可有些同学就是无法控制自己，想要一心一意地答题，也明白时间紧张，但与考试无关的念头偏偏频繁出现，当发现自己走神后又会为之焦虑，从而造成恶性循环。

减少走神现象首先可以从审题做起。在审题时，我们要"心脑口手并用"。不仅用"眼看"，也加上"嘴动"和"手画"，便有助于达到"心静"的境界。"嘴动"即默读题目，你甚至可以让嘴唇和舌头也跟着动起来，只要不发出声响违反考场纪律即可。"手画"，就是在读题的同时用笔多加圈点，对题目中的重要信息做勾画、加文字标记，也可以根据获取的信息在草稿纸上画出辅助理解的草图，等等。如此同时调动多个身体感官，能够让整个身体都更加积极地投入到考试的状态中去，比起干坐在椅子上只用眼睛浏览题目，自然更能集中注意力。

以上是预防走神的方法，而当你发现自己已经走神并无法收回心来做题时，可以试一下这么做：

- 暂停作答，闭上双眼，在心中对自己重复说几次"放松"，注意体验全身放松的感觉；或者全身绷紧，几秒钟后使肌肉突然松弛。以此给自己一点缓冲，然后继续答卷。

- 给自己限定约 1 分钟的走神时间，然后警告自己只可在规定时间内走神，其他时间绝对不可以，否则就自我惩罚，如一走神就掐自己一下等。

- 如果能够携带清凉油入考场，则可涂抹清凉油来让自己清醒，也可在考前吃一颗薄荷糖。

3. 求果断，忌踌躇

在考试时，做题速度经常被犹豫所拖累，这种情况在文科考试的选择题上尤其容易出现。当思路出现瓶颈时，对答案再多的犹豫实际上都是无效的思考过程，只是时间的白白浪费。此时想要减少犹豫，提升做题速度，就要尝试绕过现有思路的瓶颈，放弃当前思路，从一种新的角度思考问题，也可以返回去重新细读题干与选项，或许就能把握住曾经没注意到的细节，从而令"初极狭"的思路"豁然开朗"。

而一旦心中有了答案，就不要再举棋不定，要果断将答案写下，至于检查则是整套卷子做完后剩余时间里的任务，不要让它占用应该用来做题的主要时间。如果踟蹰的问题无法解决，也不必纠缠过久，可参考上一节中所谈，根据"时间预期"及局部调整的准则来决定跳过与否。

要点提示

- 以认真（包括审题与作答）为基础，不可一味求速。
- 预防走神可在审题上"心脑口手并用"。
- 当走神已经发生时，尝试文中的三个小窍门。
- 做题时减少无效犹豫，绕过瓶颈，力求果断。

四、 分段得分： 难题巧争分

1. 放平心态， 切勿留白

面对难题一定不要自暴自弃，不要因为没有思路就彻底放弃。哪怕是猜出的答案，只要写在卷子上，就还有得分的可能性。当对难题一筹莫展时，不妨耍些"小花招"，依靠非常规方法与在日常练习中锻炼出的直觉来猜题。例如可以揣摩出题者的出题意图，猜测题中条件的可能作用；选择题还可以通过比对选项之间的相似性来猜测答案。在时间充足的情况下，填空题即使真的猜不出答案，也要用题中条件尽力凑一个答案写上去。而大题则更不必说，要按照"分步得分"的策略，争取到每一点可能的得分。

2. 分步得分，分分必争

（1）大问化小

考试中的大题都是按照一个个步骤或要点进行独立给分的，所以即使无法完整解题，也一定要争取到所有可能的步骤分。面对疑难问题，可将其化为几个子问题，然后再解决能够解决的部分，即能写多少步就写多少步，能解决到什么程度就解决到什么程度。而且在解决子问题的过程中，也可能一时获得灵感，进而想出解题方法。

（2）跳步解答

有些大题分很多小问，前面的小问可能比后面的更难。如果对前面小问的结论你无法证明但可以猜测出，此时便可跳过前面的小问，直接做后面的，而前面小问中的结论仍然可以在解答后面小问时使用，这样后面的分仍然可以拿到。同理，假如在一个问题中，我们感觉到了某个结论的正确性，但是证明不出来，也可以尽量堆砌条件，假装证出这个结论，然后在下面的步骤中继续使用它。

（3）"搜刮"题干

即使以上两种方法全部失效，也仍然不要放弃希望。我们还有最后的救命稻草——"蒙题"。但"蒙题"不是蒙着眼睛，毫无头绪地乱撞一气。我们可以回归题干，找出题中的所有信息，写下根据这些信息能够推出的与题目有可能相关的所有结论，用题中的关键词堆砌、拼凑成答案，题上有什么就写什么，能写多少写多少。当然，这种方法多多少少有些死马当作活马医的"撞运"意味，效率并不高，只建议在时间充足的情况下作为最后的尝试。

解决难度较大的数学解析几何题

一次考试中，解析几何题的第一小问是求椭圆的表达式，这道题很新颖，小Z没能解出来，但他根据做题经验以及猜测知道了答案。于是他按照最普通的解题方式，将题中的信息进行整合并罗列在一起、列出方程，解出必要的a、b未知量的值，然后写下"由此可得，表达式为×××"，并在第二问中继续使用这个答案。第二问仍然很难，但他能够写出最基本的步骤，如联立直线与椭圆、计算Delta、使用韦达定理等，而这些步骤写出后他已拿到了三分之二的分数。

要点提示

- 不畏难题，小题不留白，大题少留白。

- 争取所有可能拿到的步骤分。

- 将大问题化为子问题。

- 跳步得分，利用前面的结论进行后面的解答。

- 依据题干中的信息拼凑答案。

五、 规范作答： 用外表点缀内涵

1. 卷面美观

美观的卷面为我们提供的不仅是较高的印象分。对于语文与英语作文，"卷面整洁"是被白纸黑字地印在官方的评分标准里的。除此之外，工整的卷面也为我们自己检查试卷提供了方便。因此，保持卷面良好尤为重要。如果说一手好字主要展现的是美观性，那么答题的规范化则增加了实用性，"美观＋实用"才是一份漂亮的答卷。

（1） 字迹工整

书写不必矫若惊龙，但必须做到基本的工整可辨。如果书写凌乱，很容易导致误判。漂亮的字体需要基本功，但在考场上也依然有需注意之处。

第一，使用惯用的笔，避免在考场上使用新笔，以防出现书写不顺手、笔漏水断水的情况。同时要按照考试要求选用合适的、书写清晰的文具，不要使用书写过细过淡或过粗过深的笔。

第二，我们往往因为题目较多，匆忙作答而造成字迹潦草。为此，答题要有计划，速度适当，快中不忘稳。

第三，字体排列规整，不可上下浮动，字迹大小、行距与字距宽窄统一，避免过疏或过密。

第四，想清楚再下笔，减少涂改。如果书写出错，要正确使用增删符号，不要将错误的地方涂成一大团黑，不要东一块西一块地增增补补。

（2）格式规范

第一，条理清晰，正确分点。很多题型都有自己的答题模板，模板常常成为阅卷老师给分的标准，因此要按照模板的标准格式答题，用数字标号标出不同的答题点，逻辑分明。

第二，使用学科术语，不使用自创名词与未得到公认的不规范表达。我们在做笔记与进行练习时常常用缩写或符号代替某个名词，切不可将这个习惯带入考场。

第三，作图时要使用尺规等必备工具，不要空手画图，出现直线曲线不分、分度长短不一等问题。即使只是画草图，也依然要注意作图规范。

（3）简繁适当

大题答案的长短简繁没有统一标准，主要视题型而定。一般来说，对于开放性较小、答案较确定的题（这种题在中学考试中占大多数），在保证步骤完整、答题要点全覆盖的情况下要力求简练。而对较具有开放性的论述题等，则要根据答题卡上留出的空间控制合适的长度，不可有太多空白，同时也要注意题目中是否有字数要求。考虑到题型比例，总的原则依然是以简练为主，这既有助于节省做题时间，也有利于阅卷老师快速找到答案，减少误判。

另外，在高考这种标准化程度极高的考试中，答题卡上所留空间与标准答案的字数有直接关系，因此可据答题空间判断应写答案的长短，但这在日常的小型考试中并不一定适用。

历史论述题的答题规范

小 D 在做历史论述题时记起了老师要求的模板："观点、论述、结论"三位一体。她先用一句话表明观点，然后将主体部分"论述"用序号"①②③"分成三点，每点大约写三行，恰好将答题空间几乎填满，最后再用两三句话升华结论。在写的时候，她不小心把"资本主义"写成了平常写惯的缩写"资义"，她用一道横线将错误轻轻划去后再修改，并未影响到卷面整洁。

2. 草稿整齐

非卷面的规范与卷面规范同样重要，但却常常被忽视。草稿无需如卷面一样整齐，但也应做到清楚明了。合理使用草稿纸不仅能帮我们整理思路，还有助于事后检查时快速找到曾经演算时的过程，提高效率。以下几个方法可以使我们的草稿纸更加清晰。

- 为草稿纸分区。可采用对折纸张的方法，也可用笔画线。

- 标记题号，题与题之间界限分明。

- 从上至下、从左至右按顺序使用草稿纸。

- 计算步骤基本完整，过程大致规范。不必过分细致，但也不可跳步。

要点提示

- 使用合适的文具，书写平稳，减少涂改，字迹工整。

- 答题条理清晰，使用术语，作图严谨，做到格式规范。

- 以简练为基本原则，根据具体题型做到简繁适当。

- 草稿分区、标记题号、按序使用、过程完整，使草稿清晰明了，便于对照速查。

六、 检查试卷： 最后一道防线

1. 选对复查对象

做完题目后所剩时间通常不足以让大家把整张卷子通查一遍，因此要有所取舍，在有限的时间内争取最大产出。关于如何选择检查对象，可按照以下四个标准判断。

（1）**剩余时间**。剩余时间多，可检查大题、长难题，反之则只检查小题、简单题。不要认为简单题没有检查的意义，简单题也存在诸多容易产生纰漏之处，而由于简单题是大家都会做的，一旦简单题出错，分数优势便很可能减小。

（2）**分值**。在时间有保证的情况下，为提升检查效率，应优先检查分值高的题目，分值低的题目次之。

（3）**答案确定性**。先检查在做题时对答案最没有把握的题。为了能在检查时一眼找到这类题，可以在做题时便对不确定的题做标记。

（4）**易错性**。容易出错的题应具有检查的优先性，如计算量大的题、自己平时经常做错的题型等。

其中，时间与分值是决定投入产出比的基础标准，在充分考虑这两者的情况下，可再继续考虑第三与第四条标准。

2. 注重细节检查

试卷检查的主要内容是答案主体部分的准确性，但是有一些细节的问题也不可忽视，尤其是在检查时间充足的情况下。

（1）**漏做题**。在两种情况下容易产生漏做题的现象：第一是题目所占面积太小，与前后题目距离过近，因此做题时没有看到；第二是在做题时由于不会做或不确定答案而跳过，事后忘记还有题未做。为防止这两种情况发生，检查时要格外注意。

（2）**大题步骤**。难度较大的大题通常需要较多的答题步骤，此时在做题时便很容易造成步骤的遗漏。因为这种遗漏通常很不明显，容易被忽略，因此在检查时要将步骤从头到尾细读一遍，找出所有可能的疏忽。

（3）**语句书写**。检查是否有错别字、重字漏字、标点使用是否得当以及其他笔误。尤其要注意关键词的书写是否准确，若关键词中出现错别字，很可能会使本应到手的得分点溜走。

（4）**选项填涂**。检查答题卡上所涂选项与试卷上所写是否一致，试卷上的选项是否是自己想选的，防止笔误。

（5）**题干要求**。检查题干中要求回答的是"正确"还是"不正确"，"属于"还是"不属于"等。

选择检查对象

　　小 D 在做完数学试卷后还剩 10 分钟，依照以往的经验，这大概够她验算一道大题或三道小题。有一道大题的一小问（5 分）计算量很大，同时她根据做题时所做的标记发现，有两道小题（每道 5 分）的答案她不确定，考虑分值后，她选择了先把两道小题检查完。剩下的 3 分钟不足以让她验算大题，于是她检查了自己选项填涂是否有误，填空题的答案是否抄写正确，并快速浏览前两道小题的题干，确定自己没有误读。

3. 多样检查方法

　　（1）正向检查。这是最通用的检查方法，即将题从头到尾重新做一遍。

　　（2）逆向思维。将答案代入原题的条件中，来验证答案是否符合题干逻辑，是否能与其他条件相一致。

　　（3）不同解法。对同一道题，用不同的解法再做一遍，看能否得出同一答案。这种方法虽然检查准确性高，但也有其局限性——很难在紧张的考试时间内想出多种解法。若想改善这一困境，可在平日的练习中就训练用不同方法解题的能力，拓宽思路。

　　（4）避免自我怀疑。检查应从基本知识出发验证答案的准确性，不可因做题时的不确定而毫无根据地怀疑自己已经写下的答案，对原来的答案进行匆忙删改。

要点提示

- 根据剩余时间、分值、答案确定性与易错性来选定复查对象。

- 检查要注重细节，包括漏做题、大题步骤、语句书写、选项填涂与题干要求。

- 通用的正向检查法与多样检查法相结合，如逆向思维与不同解法，另外要避免自我怀疑。

七、 不必回头: 最重要的永远是下一场

考试的理想状态是考一门"扔"一门。上一门考试所代表的那一页历史已经翻过去了,下一页才是我们需要书写的未来。与其对上一门考试患得患失,不如将有限的精力投入到对下一门考试的全身心备战中,争取未来的最大收益。

1. 保持平常心

当一门考试已经结束,下一门考试还没开始时,有些同学往往不自觉地沉浸在上一门考试带来的情绪里,或因感觉良好而沾沾自喜,心浮气躁;或因发挥失常而情绪低落,垂头丧气。心态如此忽上忽下,很容易给自己带来不好的心理暗示,影响接下来考试的发挥。因此,在一门考试结束后,既不可自满,也不可自弃,要保持一颗平常心。要想做到这一点,最重要的是保持理性的头脑,认识到再回顾上场考试对自己并无益处,从而摆脱对上一场考试的回忆,

有意地让自己远离情绪的浸染。大家可以在心中对自己说：考试是长跑，不到最后，永远也不知道谁是赢家。

调整自满的心态 ◀　◀　◀◀▰▰▰▰

小Z在数学考试中做出了所有的题，走出考场时他已喜形于色。但当他意识到自己沉浸在过度的喜悦中时，他迅速冷静了下来。他告诉自己：其实想一想，这次的题并不难，肯定有很多同学也做得一样好。另外，即使我感觉所有题都做对了，但也有可能出现计算、书写上的低级错误，我还要考好后面的科目，才能弥补这些错误。而且数学是我的强项，即使考得好也很自然。英语和地理还没有考，而我的这两科都不太好，还要好好复习才行。

2. 向前看，不回头

（1）不对答案

想要迫切地得到答案，是我们好奇的天性使然，但是大家应该摆脱这种原始冲动的驱使，理智地想一想：对答案究竟能得到什么？首先，如何确定所对答案的正确性？即使自己和很多同学的答案不一样，也很有可能是"真理掌握在少数人手中"。在高考的每一门考试过后，网上的答案如潮水般涌现，但这些答案通常都是非官方、不准确的，官方答案要到全部考试结束才会放出。然而每年被这些错误答案误导而导致情绪失控、发挥失常的考生有多少？其次，即使知道了正确答案又如何？如果我们做对了，可能会得意忘形，反之则丧失自信。无论哪种情况，都会扰乱我们的"平常心"，对下一门考试造成干扰。因此，最正确的选择是不对答案，既不要主动找别人对答案，也不要听他人对答案。

（2）不顾旧题

考场上难免遇到让大家犹豫不定的题，而这些题常常在考试结束后还笼罩在心头，挥之不去。其实这归根结底也是源于我们想要得到答案的好奇心。在某一门考试结束后，再纠结那些考场上有疑虑的题已经毫无意义——自己再怎么纠结也难以得到答案，即使得到答案也无法再用它来得分，但反复的纠结却会占用复习下一门考试的时间。如果大家想明白了这个道理，却无法控制自己，那么可以试着转移注意力——将精力集中到复习接下来的考试科目中，让自己的心与笔都忙起来。忙碌是一种让自己暂时摆脱忧虑的极佳方法。

165

要点提示

- 一门考试结束后，不自满，不自弃，保持平常心。
- 考试未完全结束时不对答案。
- 不再顾念考试中有疑虑的题目。